GRAMMAIRE PRATIQUE

A L'USAGE

DES ÉCOLES PRIMAIRES,

PAR V.-A. VANIER.

CONSEIL ROYAL DE L'INSTRUCTION PUBLIQUE.

***

A M. VANIER, INSTITUTEUR.

Paris, le 28 octobre 1822.

J'ai l'honneur de vous annoncer, Monsieur, que le Conseil Royal, d'après le compte qui lui a été rendu de votre ouvrage intitulé : *Grammaire pratique*, a décidé que cet ouvrage serait inscrit sur la liste des livres indiqués à MM. les Recteurs, pour l'usage des Ecoles primaires.

Il a paru au Conseil que la méthode suivant laquelle les principes de la Grammaire sont expliqués dans ce petit traité, est simple, facile, et tout-à-fait à la portée de l'âge auquel il est destiné.

Recevez, Monsieur, l'assurance de ma parfaite considération,

Le Conseiller chargé des Écoles primaires,
Rendu.

Le Grand-Maître,

†DENIS, *Evéque d'Hermopolis.*

***

Tout exemplaire qui ne sera pas revêtu de ma signature sera saisi comme contrefaçon.

GRAMMAIRE PRATIQUE

ADOPTÉE PAR L'UNIVERSITÉ

POUR L'USAGE

DES ÉCOLES PRIMAIRES,

AVEC CINQ TABLEAUX GRADUÉS,

PAR V.-A. VANIER,

AUTEUR DE LA CLEF DES PARTICIPES, ETC.,

MEMBRE DE PLUSIEURS SOCIÉTÉS SAVANTES.

QUATRIÈME ÉDITION.

La meilleure grammaire est celle qu'on se fait
soi-même en pratiquant.   (PRÉFACE.)

Prix : *75 centimes*, cartonné.

PARIS,

GARNIER, LIBRAIRE, PALAIS-ROYAL, VIS-A-VIS LA COUR DES FONTAINES,
ÉDITEUR DES OUVRAGES DE M. VANIER;
L'AUTEUR, RUE DES BILLETTES, N° 12.

1832·

OUVRAGES DE M. VANIER.

A Paris, chez GARNIER, Libraire, au Palais-Royal,
vis-à-vis la Cour des Fontaines ;

et chez l'AUTEUR, rue des Billettes, n° 12.

	fr.	c.
TABLEAU SYNOPTIQUE DES QUATRE CONJUGAISONS, imprimé noir et rouge, sur deux feuilles papier *jésus*, avec radicaux en rouge, et le livret d'instruction, en feuilles.	3	»
LE MÊME, collé sur toile, avec rouleau et corniche	6	»
TRAITÉ D'ANALYSE LOGIQUE ET GRAMMATICALE, in-12, broché.	1	50
(Cet ouvrage fait suite à la Grammaire.)		
LA CLEF DES PARTICIPES, in-12, broché. . . .	1	50
LES PARTICIPES réduits à une SEULE RÈGLE mise à la portée de toutes les intelligences, in-32. . . .	»	50

SOUS PRESSE

POUR PARAÎTRE TRÈS-INCESSAMMENT,

DICTIONNAIRE GRAMMATICAL, PHILOSOPHIQUE ET CRITIQUE, DE LA LANGUE FRANÇAISE.

PRÉFACE.

—

L'Instruction primaire doit tendre au double but de suffire pleinement aux besoins du peuple, et de développer l'intelligence de ceux des élèves qui sont appelés à l'étude des sciences. Le peuple n'aspire pas à devenir savant, mais il sent le prix de l'éducation, et il envoie ses enfants aux écoles. Dans celles du premier degré universitaire, on enseigne, outre la lecture, l'écriture et l'arithmétique, l'histoire, la géographie, les langues vivantes, le dessin, même la musique et les arts d'agrément. Toutes ces branches d'instruction sont généralement bien enseignées dans plusieurs écoles distinguées de la capitale et des grandes villes. Peut-on en dire autant de la première des sciences, de celle que les anciens considéraient avec raison comme la clef de toutes les autres, de la Grammaire enfin? Malheureusement non. La plupart de nos écoles élémentaires sont fort en arrière de ce côté. Un mot à ce sujet.

A douze ou treize ans, un enfant quitte l'école pour entrer en métier; et ce n'est que quand il sait lire et écrire qu'on commence à lui mettre en main un petit livre appelé *Grammaire*, dans lequel il est censé apprendre sa langue. A peine a-t-il eu le temps d'en répéter les premières pages, sues de mémoire, mais sans rien y comprendre, qu'arrive le moment de laisser là les bancs pour l'établi, ou pour la bêche. Voyez quel fruit il a retiré de son instruction. C'est pourtant ce qui se passe journellement sous nos yeux. Une question se présente ici : Est-ce de la faute de l'enfant ou du livre? C'est le livre qui a tort. Au surplus ouvrons-le. Il commence par cette phrase obligée :

La Grammaire est l'art de parler et d'écrire correctement.

D'abord *l'art de parler,* notez bien ceci. Où sont donc

les leçons de l'art de parler? Le livre n'en donne aucune. Dès le début, on lance l'élève dans l'art d'écrire ; il parlera du reste comme il voudra, on ne s'en occupe pas. En attendant, on lui explique les lettres, les syllabes, l'*h* aspirée, les diphtongues ; on l'enfonce dans l'abstraction des parties du discours ; on lui apprend la nomenclature grammaticale, et pas un mot de grammaire pratique. Quoi! on donne à cet enfant des leçons de l'art d'écrire, et il ne sait pas parler ! Autant vaudrait donner des leçons de danse à un enfant qui ne peut pas marcher. Voilà, voilà le vice radical de la grammaire de l'école, et de toutes celles qui sont taillées sur le même patron.

On commence par parler, ce n'est que plus tard qu'on écrit ; et malheureusement il en est plus d'un qui n'arrivent pas jusques-là. Puisque l'homme parle avant d'écrire, son éducation grammaticale doit évidemment commencer par des leçons de langue parlée : ceci n'a pas besoin de commentaire. C'est bien, dira-t-on ; mais quelles leçons voulez-vous donner à des enfans? Vous comprendront-ils? — A cela nous répondrons : Un enfant se comprend-il quand il dit, *Je suis aimable, je suis honnête ?* Oui, sans doute. Eh bien, puisque la conjugaison est l'âme des langues, faites-le conjuguer à haute voix, d'abord les trois premiers temps du verbe *être* avec des adjectifs à voyelle initiale ; faites-lui faire les liaisons en *ze* et en *te*, telles qu'elles sont indiquées sur le premier tableau, page 62. Voilà les leçons de grammaire pratique qu'il faut donner aux enfants. Des faits, des faits ! comme le dit Jean-Jacques ; mais des faits à leur portée. Ne passez au tableau n° 2 que quand les élèves sauront imperturbablement répéter le premier. Ne vous hâtez pas ; moins vous irez vite, mieux et plus fermement vous irez. Suivez le précepte du vertueux et savant Rollin, ne versez la science que goutte à goutte si vous voulez que la fiole s'emplisse, autrement vous renversez tout par terre, et rien n'entre dedans.

Un enfant n'a pas besoin de savoir lire pour pratiquer la parole ; il lui suffit d'avoir une bouche et des oreilles. Il peut donc être exercé, dès qu'il parle, à la conjugaison orale, et s'habituer ainsi à *parler correctement*. Voilà tout le mystère. Quand il commencera à lire, il verra sur le tableau les lettres employées à peindre les paroles que sa bouche s'est habituée à prononcer, et il apprendra l'orthographe avec les yeux, comme il aura appris les sons et les articulations par l'oreille. Quand viendra le temps de lui mettre en main un crayon ou une plume, vous serez tout surpris qu'il pratiquera de lui-même l'orthographe écrite : oui, de lui-même. En peut-il être autrement ? Non. Telle est la conséquence rigoureuse de cette nouvelle méthode. Est-ce que la langue écrite n'est pas la peinture de la langue parlée ? Donc celui qui parle correctement doit nécessairement écrire de même. Quiconque donne de telles leçons de langue parlée, doit se pénétrer de cette vérité, qu'il donne des leçons de langue écrite : voilà un fait constant. Pensons que quand vient l'âge d'écrire, l'enfant, dont l'intelligence commence alors à se développer, ne voit dans la pratique de la langue écrite que le complément des règles qu'il a pris l'habitude de pratiquer dans la langue parlée ; il y est préparé d'avance, il les a déjà pressenties. Il y a aujourd'hui bon nombre d'enfants qui ont été élevés d'après cette méthode, et qui n'ont jamais fait une faute d'orthographe de principe.

En conjuguant, faites toujours employer la troisième personne au genre opposé au sexe de l'élève qui conjugue. En voici la raison, c'est que chacun est habitué à mettre à la première personne l'adjectif de son genre. Il est naturel à une petite fille de dire, *Je suis innocente ;* jamais vous ne l'entendrez mettre l'adjectif au masculin. Un petit garçon n'emploiera jamais l'adjectif féminin. Faites-en la remarque sur des enfants qui n'ont jamais tenu une Grammaire de leur vie, et qui même ne savent pas lire. Ils se conforment cependant à la règle. Qui la leur a apprise ? Personne ; c'est d'eux-mêmes qu'ils se la sont faite, et cependant ils ne pourraient vous l'expliquer. Il y a évidemment dans ces petites têtes un instinct grammatical dont il faut savoir profiter. Malheureusement on étouffe ce précieux germe sous des livres au moment où il commence à se développer. Ne faites point apprendre la Grammaire, faites-la pratiquer de manière que l'élève en pressente les règles, les devine presque d'avance. La meilleure Grammaire est celle qu'on se fait soi-même en pratiquant : celle-là ne s'oublie jamais.

Tel est le plan de cet ouvrage, qu'il embrasse l'éducation grammaticale dès l'âge où l'enfant commence à parler, et l'amène à écrire sous la dictée des phrases à participes, à homonymes, y compris même celles dites à difficultés (1). Il ne s'agit point ici d'une annonce pompeuse, mais de faits réels et constatés. Cette méthode n'est point nouvelle ; depuis plus de quinze ans elle est pratiquée avec un succès soutenu. Elle a été adoptée par l'Université dès 1822, pour l'usage des écoles primaires ; elle a valu à son auteur, en 1829, la médaille d'argent décernée en prix aux Instituteurs.

VANIER.

(*) Ceux des élèves qui sont destinés à faire une étude approfondie de la langue française, prendront à la suite de cette grammaire le *Traité d'Analyse logique et grammaticale*, et *la Clef des Participes*.

GRAMMAIRE PRATIQUE.
PREMIÈRE PARTIE.

~~~~~~

CHAPITRE PREMIER.

VERBES D'ÉTAT. (1)

Conjugaison orale.

Le maître, ayant sous les yeux le tableau n° 1, page 62, fera conjuguer de vive voix l'infinitif du verbe *être*, le présent, l'imparfait et le passé défini du mode indicatif, avec l'adjectif *aimable*, tel qu'il le voit, ayant soin de mettre la troisième personne au féminin.

REMARQUE. —Dans les écoles de demoiselles, on mettra *il* à la troisième personne du singulier, et *ils* au pluriel. On verra bientôt pourquoi.

Le maître veillera à ce que les consonnes finales du verbe soient prononcées par les élèves sur l'*à* de l'adjectif *aimable*, qui suit chaque personne. Elles sont exprès dé-tachées.

Dans le premier exercice, chaque élève ne dit qu'un temps à la fois. Au second exercice, chacun répète le tableau.

Quand les élèves commencent à se familiariser avec l'adjectif *aimable*, on y substitue l'adjectif *honnête*, que l'on joint au verbe *être*, tant à l'infinitif qu'à chaque personne de chaque temps, et peu à peu on se sert de tous les adjectifs qui sont au bas du tableau.

La conjugaison orale doit être pratiquée deux fois par jour, pour donner aux élèves l'habitude d'une bonne prononciation.

Ceux d'entre eux qui savent écrire feront sur le papier l'un des verbes qu'ils auront préalablement conjugués de

---

(1) Ce sont les verbes concrets improprement appelés *verbes passifs*. Si *elle est aimée* exprime une action soufferte, elle est *aimable*, elle est *honnête*, n'expriment plus de passivité ; c'est ce que le sujet est, l'état dans lequel il se présente à l'esprit. *État* vient du latin *status*.

1

vive voix. Une fois pour toutes, en quelque classe que l'on soit, la conjugaison écrite ne doit jamais dispenser de la conjugaison orale. Mieux on parle, mieux on écrit.

CHAPITRE II.

VERBES D'ÉTAT.

§ I. — Conjugaison orale et écrite.

Mêmes moyens qu'au chapitre premier, et mêmes remarques pour les garçons et pour les demoiselles. On prendra le tableau n° 2, page 63, qui contient tout le mode indicatif du verbe *être*.

Quand les élèves en seront aux adjectifs de la seconde série, le maître aura soin de leur faire prononcer distinctement le féminin *absente*, *intelligente*, etc., et de même à ceux des séries suivantes, qui prennent un *e* muet au féminin (1).

§ II. — Conjugaison écrite.

Les adjectifs qui sont au bas de ce tableau, sont distribués en quatre séries. La première contient des adjectifs qui finissent par un *e* muet. Quand les élèves les auront employés, ils écriront la règle suivante et l'apprendront.

N° 1. RÈGLE. — Tout adjectif qui finit par un *e* muet s'appelle adjectif de tout genre; il ne change point du masculin au féminin. On dit : « *Un homme* affable, *une femme* affable. » L'adjectif de tout genre prend seulement une *s* au pluriel. EXEMPLE : « *Des hommes* affables, *des femmes* affables. »

Les adjectifs de la seconde série se terminent par un *t*, et ils prennent un *e* muet au féminin. Le maître veillera à ce que l'*e* du féminin et l's du pluriel ne soient point

_____

(1) On sent maintenant qu'en fesant employer aux élèves la troisième personne au genre opposé à leur sexe, ils prennent l'habitude d'employer les adjectifs aux deux genres et aux deux nombres, et à se conformer au double accord.

oubliés. Les élèves copieront et apprendront les règles suivantes, à mesure qu'ils conjugueront.

N° 2. RÈGLE GÉNÉRALE. — Tout adjectif qui ne finit pas par un *e* muet au masculin, prend un *e* muet au féminin. On dit : « *Un homme* absent, *une femme* absente; *des hommes* absents, *des femmes* absentes ; *un homme* averti, *une femme* avertie; *des hommes* avertis, *des femmes* averties ; *un homme* aperçu, *une femme* aperçue ; *un homme* enrhumé, *une femme* enrhumée; *des hommes* aperçus, *des femmes* aperçues. »

Les adjectifs de la troisième série sont terminés en *f*.

N° 3. RÈGLE. — Les adjectifs terminés en *f* au masculin, changent cette *f* en *v* au féminin. On dit : « *Un homme* attentif, *une femme* attentive ; *des hommes* attentifs, *des femmes* attentives. »

La quatrième série contient des adjectifs terminés en *x* et en *s*.

N° 4. RÈGLE. — 1° Les adjectifs terminés en *x* et en *s* ne changent point du singulier au pluriel masculin. On dit au singulier : « *Un homme* heureux, *un homme* surpris, *un enfant* peureux, *un bras* démis, *un homme* malheureux, *un paquet* remis. » Et de même au pluriel : « *Des hommes* heureux, *des hommes* surpris, *des enfants* peureux, *des bras* démis, *des hommes* malheureux, *des paquets* remis. »

2° Les adjectifs terminés en *x* changent cet *x* en *s* au féminin. EXEMPLE : « *Une femme* heureuse, *des femmes* heureuses; *une fille* peureuse, *des filles* peureuses. »

Nota. — Quelques adjectifs de cette quatrième série sont terminés en *é*, en *i* et en *u*. On se conformera à la règle générale, qui prescrit d'ajouter un *e* à l'adjectif féminin. On n'oubliera pas non plus de joindre l'*s* au pluriel.

N° 5. RÈGLE GÉNÉRALE. — Il y a deux genres. Le MASCULIN, comme : « *Un homme, un lion, un cheval, un arbre.* Le FÉMININ, comme : *Une femme, une lionne, une jument, une statue.*»

N° 6. RÈGLE GÉNÉRALE. — Il y a deux nombres. Le SINGULIER, quand on ne parle que d'un seul être : « *Un homme, une femme, un cheval.* » Le PLURIEL, quand on parle de plusieurs : « *Des hommes, des femmes, des chevaux.* »

Autres adjectifs à joindre au verbe *être* (il faut y ajouter un *e* muet au féminin) :

Attendu, occupé, obligeant, levé, habillé, effrayé, interdit, reconnu, coiffé, chaussé, engagé, engageant, embarrassé, importuné, affligé, intéressé, nourri, engourdi, ombrageux, attaché, effarouché, énorgueilli, ébahi; tranquille, blâmable, humble; ambassadeur, ambassadrice; protecteur, protectrice; instituteur, institutrice.

N° 7. RÈGLE GÉNÉRALE. — Les voyelles nasales, *an, en, in, on, un*, changent la lettre *n* en *m* devant les consonnes *b, m, p.* EXEMPLE : « *Am*bassadeur, emporté, emmanché, im*pur, am*bre, hum*ble.* »

EXERCICES GRAMMATICAUX.

Le maître exercera de la manière suivante les élèves qui savent écrire.

Il dit : « Comment s'écrit le verbe d'état *être actif*, au présent de l'indicatif, à la seconde personne du féminin pluriel ?» Chaque élève doit écrire, *vous êtes actives.* Le maître peut varier les questions, en changeant, à son gré, d'adjectif, de temps, de personne, de genre et de nombre. Il n'y a rien de plus salutaire que ces sortes d'exercices qui plaisent infiniment aux élèves. Voilà de quoi soutenir leur attention, et développer leurs facultés intellectuelles, sans les fatiguer. Il faut y revenir souvent, et de rapides progrès sont assurés. (1)

(1) Les tableaux de cette grammaire ne sont, en petit, que les

CHAPITRE III.

VERBES D'ACTION EN ER.

§. I. — *Emploi des articles possessifs.*

Les élèves, ayant sous les yeux le tableau n° 3, page 64, conjugueront de vive voix, comme il est dit chapitre premier (§. I), et le maître surveillera la prononciation, pour que chacun fasse sonner les finales s, z et t, partout où elles se rencontrent, comme aussi il évitera que les élèves en fassent sentir où il n'y en a point. Ce tableau contient le verbe *être* dans son entier.

PREMIER EXERCICE.

Le maître fera conjuguer de vive voix le verbe *être*, suivi d'un adjectif qu'il prendra, à son choix, dans l'une des quatre séries précédentes. (*V.* le tableau n° 2, p. 63.) Il en prendra aussi parmi ceux de la page 12. Il fera employer aux élèves les articles possessifs sur les trois personnes du singulier et du pluriel.

EXEMPLE. — Mode infinitif : *Être attentif à son ouvrage, étant attentif à son ouvrage, avoir* ou *ayant été attentif à son ouvrage.* Participe été, invariable. Mode indicatif, temps présent : *Je suis attentif à* mon *ouvrage, tu es attentif à* ton *ouvrage, elle est attentive à son ouvrage, nous sommes attentifs à* notre *ouvrage, vous êtes attentifs à* votre *ouvrage, elles sont attentives à* leur *ouvrage.* Et ainsi à tous les temps.

Verbes à conjuguer.

Être habillé à sa mode, *être fait* à son habitude, *être habitué* à son arme, *être attaché* à son occupation, *être accoutumé* à sa méthode, *être interrogé* à son tour.

N° I. RÈGLE. — On appèle articles possessifs

répétiteurs du grand tableau à finales rouges, qu'il faut ici mettre sous les yeux des élèves. Ce tableau se vend en feuilles, 3 francs. Le même, collé sur toile, avec rouleau et corniche, 6 francs. (Aux mêmes adresses.)

les mots suivants, parce qu'ils expriment la possession :

Mon, mes ; ton, tes ; son, ses, s'emploient pour les deux genres. *Mon, ton* et *son* se changent en, *ma, ta, sa* pour le féminin, mais seulement devant les consonnes : « *ma* sœur, *ta* cousine, *sa* nièce.

Notre, votre, leur, font au pluriel *nos, vos, leurs,* pour le masculin comme pour le féminin.

On dit aussi : *Le mien, la mienne, les miens, les miennes. — Le tien, la tienne, les tiens, les tiennes. — Le sien, la sienne, les siens, les siennes. — Le nôtre, la nôtre, les nôtres. — Le vôtre, la vôtre, les vôtres. — Le leur, la leur, les leurs.*

N° 2. RÈGLE GÉNÉRALE. — 1° Le verbe concret sert à exprimer ce que le sujet est, ou ce qu'il fait, à une époque quelconque, et c'est ce qu'on appelle temps, soit présent, soit passé, soit futur.

2° Quand il exprime ce que le sujet est, c'est un verbe d'état, comme *être habile, être gai, être triste, être grand, être petit.*

3° Quand le verbe exprime ce que le sujet fait, c'est un verbe d'action, comme *marcher, courir, voir, entendre.*

N° 3. RÈGLE GÉNÉRALE. — Le sujet est l'être qui est dans tel état, ou qui fait telle action. Quand on dit : « *Ce cheval est blanc* », on exprime le verbe d'état *être blanc,* dont *cheval* est le sujet. Quand on dit : « *Ce cheval galope* », on exprime le verbe d'action *galoper,* dont *cheval* est le sujet.

§. II. — *Verbe d'action en* ER. (Ire conjugaison.)

Le maître écrira, sur une petite bande de carte, l'infinitif *marcher* ; il en retranchera la finale *er,* de sorte qu'il ne lui restera en main que les cinq lettres MARCH : c'est le radical du verbe. Il présente ce radical sur toutes les finales du tableau n° 3, depuis l'infinitif en *er,* jusqu'à la fin du mode impératif, et à chaque fois qu'il ramasse une finale au bout du radical, le verbe se forme sous sa main, et apparaît aux yeux des élèves (1). Pour tenir ceux-ci en haleine sur la prononciation, on ajoutera au verbe un complément qui commence par une voyelle. EXEMPLE : *Marcher à pied, marchant à pied, avoir* ou *ayant marché* à pied. PARTICIPE : *marché* (invariable). *Je marche* à pied, *tu marches* à pied, etc. Le maître aura soin de faire articuler l's de la seconde personne, et d'empêcher qu'on ne fasse sonner une *s* à la première, ni un *t* à la troisième, puisque ces deux personnes se terminent par un *e* muet.

Pour tous les temps composés, il ne s'agit que de présenter le radical MARCH sur l'E final du participe *étÉ*, pour former le participe MARCHÉ, qui reste invariable à toutes les personnes.

Verbes à conjuguer.

Chanter un couplet, *porter* une lettre, *sauter* un fossé, *rêver* à quelque chose, *penser* à ses amis, *empêcher* un crime, *pratiquer* une vertu, *fermer* un œil, *chasser* un clou, *casser* une glace, *briser* un vase, *monter* une pendule, *danser* en rond, *blesser* un enfant, *laisser* un paquet.

Oter une tache. J'ôte — J'ôtais — J'ôterai, etc. Partout supprimez l'e muet de *Je*, et mettez l'apostrophe, comme vous faites déjà dans les temps composés, *j'ai, j'eus, j'avais*, etc.

Conjuguez de même les verbes suivants :

Apporter une lettre, *habiller* un enfant, *habiter* une campagne, *ombrer* un dessin, *humecter* une toile.

N° 4. RÈGLE. — Quand le verbe commence par une voyelle (*a, e, i, o, u*), ou par une *h* muette, on retranche l'*e* de *je*, et on le remplace par l'apostrophe. EXEMPLE : « J'arrive, j'éternue, j'imagine, j'oblige, j'humecte. »

---

(1) Pour faire comprendre aux élèves que leur tableau n° 5 n'est que le répétiteur du grand tableau à finales rouges, on prendra le radical rouge MARCH, et on fera conjuguer le même verbe aux élèves sur le grand tableau.

No 5. RÈGLE. — Tous les participes des verbes en ER sont en É fermé, comme celui du verbe *être, été*, qui figure sur le tableau n° 3, dans les temps composés.

§. III. — *Conjugaison écrite.*

Il ne s'agit que de faire écrire les mêmes verbes que ci-dessus (§. I et §. II). Chaque élève formera lui-même son radical, et le présentera sur le tableau devant les finales. La conjugaison écrite ne dispense pas de la conjugaison orale. Il ne faut écrire le complément qu'une seule fois à chaque temps : ce serait fastidieux de le mettre à chaque personne.

§. IV. — *Verbe en* IER.

Le radical des verbes en *ier* se termine nécessairement par un *i*, car en retranchant ER de l'infinitif PRIER, on aura pour radical PRI ; en présentant ce radical à l'imparfait de l'indicatif, on aura, pour la première et la seconde personne du pluriel : *Nous* PRI *ions, vous* PRI *iez.* Même remarque aux deux mêmes personnes du présent du subjonctif. Le futur en *erai*, je *pri* erai, et le conditionnel en *erais*, je *pri* erais. (1)

No 6. RÈGLE. — Tous les verbes qui ont un *i* dans le radical prènent deux *ii* aux deux premières personnes du pluriel de l'imparfait de l'indicatif et du présent du subjonctif, à cause des inflexions *ions, iez*, qui s'y rencontrent.

Verbes à conjuguer.

Lier, scier, oublier, nier, estropier, supplier, justifier, initier, humilier, simplifier, expatrier, confier, concilier.

§. V. — *Verbe en* UER *et en* ÉER.

Remuer, dont le radical est REMU, ne demande d'au-

---

(1) Mettez toujours un complément à chaque verbe : Prier *une* personne, et faites-le répéter dans la conjugaison orale, à toutes les personnes du verbe, et à tous les temps, pour la prononciation.

tre attention que de ne pas oublier l'*e* muet à toutes les personnes du futur et du conditionnel. *Je* REMU *erai*, *tu* REMU *eras*, etc.

Verbes à conjuguer.

Jouer, suer, déjouer, échouer, créer, agréer, suppléer, avouer, secouer, gréer, éternuer.

No 7. RÈGLE. — Tous les verbes de la première conjugaison ont le futur en *erai*, et le conditionnel en *erais*. Il faut retrouver l'infinitif du verbe dans chaque personne de ces deux temps.

No 8. RÈGLE. — Les participes des verbes en *éer* ont deux *éé* fermés : « L'homme a été *créé*; les hommes ont été *créés*; la femme a été *créée*, les femmes ont été *créées*. Un vaisseau *gréé*, une corvette *gréée*; une demande *agréée*, des félicitations *agréées*. »

EXERCICES SUR LE FUTUR ET LE CONDITIONNEL.

Les élèves ayant sous les yeux le grand tableau, le maître dira : «Écrivez le futur du verbe *prier*.» — Chaque élève écrira : « *Je prierai, tu prieras*, etc. » — Le maître alors barrera tous les sujets, *je, tu, elle, nous, vous, elles*; ensuite toutes les finales *ai, as, a, ons, ez, ont*, et il verra si l'infinitif *prier* se retrouve à toutes les personnes de ce temps; car ceux qui auront omis l'*e* muet, et qui auront écrit *prirai*, auront pour résultat *prir*, au lieu de *prier*, et ils verront leur faute.

Cet exercice sera répété souvent sur les verbes en *ier, uer, éer*.

§. VI. — *Verbe en* YER.

No 9. RÈGLE. — Tous les verbes en *yer*, changent leur *y* en *i* simple :

1° Aux trois personnes du singulier du présent de l'indicatif, et à la troisième personne du pluriel. EXEMPLE : « Je *broie*, tu *broies*, elle *broie*, elles *broient*; »

1*

2⁰ A toutes les personnes du futur et du conditionnel. EXEMPLE : « Je *broierai*, tu *broieras*, etc. ;
je *broierais*, tu *boierais*, etc. »

Dans tous les autres temps l'y se conserve.

Conjugaison du verbe BROYER. (1)

Broyer, broyant, participe *broyé*. Je *broie*, tu *broies*,
elle *broie*, nous *broyons*, vous *broyez*, elles *broient*. Je
et tu *broyais*, elle *broyait*, nous *broyions*, vous *broyiez*,
elles *broyaient*; je *broyai*, etc. Je *broierai*, etc. Que je
broye, que tu *broyes*, qu'elle *broye*, que nous *broyions*,
que vous *broyiez*, qu'elles *broyent*; que je *broyasse*, etc.;
je *broierais*, etc. ; *broie*, qu'elle *broye*, *broyons*, *broyez*,
qu'elles *broyent*.

Verbes à conjuguer.

*Bégayer, étayer, employer, essayer, noyer, essuyer,
ennuyer, balayer, délayer. — Envoyer* et *renvoyer* :
ces deux derniers font, au futur et au conditionnel, j'*en-
verrai*, j'*enverrais*; je *renverrai*, je *renverrais*. Tout
le reste de la conjugaison est régulier.

N⁰ 10. RÈGLE. — Les verbes en *yer* ayant un *y*
dans le radical, les deux premières personnes du
pluriel de l'imparfait de l'indicatif et du présent
du subjonctif, ont un *y* suivi d'un *i*. EXEMPLE :
« Nous EMPLOY *ions*, vous EMPLOY *iez*, à cause des
inflexions *ions*, *iez*, qui s'y rencontrent. »

§. VII. — *Verbe en* CER.

N⁰ 11. RÈGLE. — Les verbes en *cer* prènent
une cédille sous le *ç*, chaque fois que cette consonne
se rencontre devant l'une des voyelles *a* ou *o*.

Conjugaison du verbe BERCER.

Bercer, berçant. Participe *bercé*. Je *berce*, etc. Nous
berçons; je *berçais*, etc. Je *berçai*, etc. Que je *ber-
çasse*, etc.

---

(1) Les temps composés se forment toujours de la même manière
avec le participe invariable.

Nota. — Ce serait une faute de mettre une cédille sous le *c* devant *e*, *i*, car il est naturellement doux devant ces deux voyelles.

Verbes à conjuguer.

Pincer, rincer, tracer, sucer, avancer, amorcer, écorcer, annoncer, prononcer, renoncer, enfoncer, défoncer, engoncer, énoncer, balancer, lancer, froncer.

§. VIII. — *Verbes en* GER.

Conjugaison du verber CHANGER.

Changer, changeant; nous *changeons;* je *changeais,* etc. Je *changeai;* que je *changeasse,* etc., *changeons.*

Ainsi se conjuguent : *Ranger, manger, déranger, charger, engager, nager, dégager, arranger, obliger, encourager, venger, endommager, emménager,* etc., etc.

Nᵒ 12. RÈGLE. — Les verbes en *ger* prènent un *e* muet après le *g*, quand cette consonne se rencontre devant *a* ou *o*.

§. IX. — *Verbes qui ont un* E *muet ou un* É *fermé dans le radical.*

SEM *er* un champ, SEM *ant*, participe SEM *é*. Je sèm *e*, tu sèm *es, elle* sèm *e*; *nous* sem *ons, vous* sem *ez, elles* sèm *ent*. Remarquez l'*e* du radical, il prend l'accent grave chaque fois qu'après lui se présente un *e* muet; hors cela il reste muet. Suivez cette règle dans le cours de la conjugaison; mettez l'accent grave à toutes les personnes du futur et du conditionnel, je sèm *erai*, je sèm *erais*. Le subjonctif, que je sèm *e*, tu sèm *es*, qu'*elle* sèm *e*, et au pluriel qu'*elles* sèm *ent*, à cause de l'*e* muet qui suit. Observez le tableau.

Conjuguez ainsi les verbes suivants :

PESER un fardeau, *promener* un enfant, *soulever* un poids, *élever* un temple, *jeter* une pierre, *modeler* une tête, *appeler* une personne, *acheter* une maison, *receler* une chose, *geler* au vent, *peler* une pêche, et généralement tous les verbes en *eler* et en *eter*, ayant soin de mettre l'accent grave sur l'*e* muet du radical quand après lui vient un *e* muet.

CÉDER une place, *cédant*, participe *cédé*. Je cèd *e*, tu cèd *es*, elle cèd *e; nous* céd *ons, vous* céd *ez*, *elles* cèd *ent*. Même remarque que ci-dessus. Changez l'é fermé du radical en è grave chaque fois qu'après lui vient un *e* muet.

Verbes à conjuguer.

Obséder une personne, *succéder* à quelqu'un, *posséder* une chose, *protéger* un enfant, *révéler* un secret, *opérer* habilement, *préférer* une place, *révérer* un ami, *répéter* une leçon, *différer* un peu.

Nᵒ 13. RÈGLE. — Tout verbe qui a un *e* muet ou un *é* fermé dans le radical, le convertit en *è* grave chaque fois qu'après lui vient un *e* muet.

§. X. — *Verbes à doubles consonnes.*

Brouetter, brouettant, brouetté, je *brouette*, nous *brouettons*. Ainsi se conjuguent : *grelotter, pirouetter, flatter*, etc., en conservant les deux *tt; adresser, confesser, redresser, intéresser, plisser, ratisser, brosser, pousser, passer, tracasser, fracasser*, etc., en conservant les deux *ss; interpeller, habiller, bâiller, brouiller, dérouiller, débrouiller, quereller*, en conservant les deux *ll; étrenner*, en conservant les deux *nn; resserrer*, en conservant les deux *rr*.

Nᵒ 14. RÈGLE. — Tout verbe qui a une double consonne dans son radical, la conserve dans le cours de la conjugaison.

Nᵒ 15. RÈGLE GÉNÉRALE. — Tous les verbes de la première conjugaison en *er*, ont le présent en *e* muet, sans *s* à la première personne, sans *t* à la troisième; le passé défini en *as*, l'imparfait du subjonctif en *asse*.

CHAPITRE IV.

SECONDE CONJUGAISON. VERBES D'ACTION EN IR.

(Quatrième Tableau, page 66.)

§. I. — *Passé défini en* IS*, imparfait du subjonctif en* ISSE.

Finir, finissant, avoir ou *ayant* fini, participe *fini.* PRÉSENT : Je *finis*, tu *finis*, elle *finit*; comme au verbe *être*, une *s* finale aux deux premières personnes du singulier, et un *t* à la troisième. PLURIEL : *Nous finiss* ons, *vous finiss* ez, *elles finiss* ent, sur les trois inflexions *ons*, *ez*, *ent*, qui sont communes à tous les verbes. Je *finiss* ais, etc., comme au verbe *être*. Je *finis*, nous *finîmes*, etc., sur la colonne annexe en *is, is, it, îmes, îtes, irent*. On n'oubliera pas l'accent circonflexe aux deux premières personnes du pluriel : nous *finîmes*, vous *finîtes*. Je *fini* rai, etc., comme au verbe *être*. Que je *finiss* e, etc., sur la colonne en *e* muet, commune à tous les verbes. Imparfait, que je fin *isse*, etc., sur la colonne en *isse*. Ne pas oublier l'accent circonflexe sur la troisième personne du singulier, qu'elle *finît*. CONDITIONNEL : je *fini* rais, etc., sur le verbe *être*. IMPÉRATIF : *fini* s (comme la première personne, je *fini* s), qu'elle *finiss* e, *finiss* ons, *finiss* ez, qu'elles *finiss* ent. Le pluriel sur les finales du verbe *être*. Elles sont communes à tous les verbes.

Verbes à conjuguer.

Blanchir, noircir, rougir, ternir, vernir, éblouir, raccourcir, rôtir, brunir, et généralement tous les verbes en *ir, issant*. Tous les participes sont en *i*, comme *blanchi, noirci, rougi*, etc. Dans tous les temps composés, on met à la place du participe *été*, le participe du verbe que l'on conjugue. EXEMPLE : J'ai *blanchi*, tu as *blanchi*, etc., et le participe reste invariable.

SENT *ir* une rose .... , SENT *i*. — Je et tu sen s, elle sen t, nous s....... , ... sent ez, elles sent ent — Je sent ais. — Je .... ent irai. — Que je sent e

— Que *je* sent *isse*. — *Je* sent *irais*. — Sens, qu'*elle* sent *e*, sent *ons*, sent *ez*, qu'*elles* sent *ent*.

Ainsi se conjuguent :

Consent *ir*, ressent *ir*, pressent *ir*, ment *ir*, dément *ir*, sort *ir*, et tous ceux qui ont le participe en *ti*. Otez l'*r* de l'infinitif, et vous aurez le participe de chaque verbe : *consenti, ressenti*, etc.

Serv *ir* un ami, serv *ant*, serv *i*. — *Je* et *tu* ser *s*, elle ser *t*, *nous* serv *ons*, etc. — *Je* serv *ais*. — *Je* serv *is*. — *Je* serv *irai*. — Que *je* serv *e*. — Que *je* serv *isse*. — *Je* serv *irais*. — Ser *s*, qu'*elle* serv *e*, serv *ons*, serv *ez*, qu'*elles* serv *ent*. Conjuguez de même *desservir* et *resservir*.

—Acquérir une maison, acquér *ant*, *acquis*. — *Je* et *tu* acquier *s*, *elle* acquier *t*; *nous* acquér *ons*, *vous* acquér *ez*, *elles* acquièr *ent*. — J'acquér *ais*. — J'acqu *is*. — J'acquer *rai*. — Que j'acquièr *e*; que *tu* acquièr *es*, qu'*elle* acquièr *e*; que *nous* acquér *ions*, que *vous* acquér *iez*, qu'*elles* acquièr *ent*. — Que j'acqu *isse*. — J'acquer *rais*. — Acquier *s*, qu'*elle* acquièr *e*; acquér *ons*, acquér *ez*, qu'*elles* acquièr *ent*.

Ainsi se conjugue *conquérir*, participe *conquis*.

Verbes en E *muet au présent.*

Cueillir, cueillant, participe *cueilli*, je *cueill e*, tu *cueill es*, elle *cueill e*, je *cueill is*, je *cueille rai*, je *cueille rais*, *cueill e*, qu'elle *cueill e*, etc.

Ainsi se conjuguent : *recueillir, accueillir*, futur en *erai. Tressaillir, assaillir*, futur en *irai.*

Autres verbes en E *muet.*

Offrir, offrant, participe *offer t*, j'*offr e*, j'*offr is*, j'*offri rai*, etc.

Ainsi se conjuguent : *mésoffrir, ouvrir, couvrir, découvrir, souffrir*. Participes *mésoffert, ouvert, couvert, découvert, souffert.*

Nº 1. RÈGLE. — Quelques verbes de la seconde conjugaison se terminent en *e* muet au présent de l'indicatif, comme *cueillir*, je *cueille*; *ouvrir*, j'*ouvre*; *tressaillir*, je *tressaille*; *offrir*, j'*offre*, etc.

§. II. — *Passé en US, imparfait du subjonctif en USSE.*

Courir, courant, participe *couru*. Le radical est COUR. Présentez ce radical sur toutes les inflexions du verbe *être*, et le verbe sera conjugué. Deux *rr* à toutes les personnes du futur et du conditionnel, je COUR *rai*, je COUR *rais*, etc. Au passé défini, je COUR *us*, et à l'imparfait du subjonctif, que je COUR *usse*, sur le verbe *être*. Impératif : COUR *s*, qu'elle COUR *e*, COUR *ons*, COUR *ez*, qu'elles COUR *ent*. Le participe couru dans tous les temps composés.

Ainsi se conjuguent : *parcourir, secourir, concourir, encourir, recourir.*

N° 2. RÈGLE. — Les verbes en *ourir*, par une seule *r*, comme *courir*, ont le passé défini en us et l'imparfait du subjonctif en usse.

§. III. — *Passé défini en INS, imparfait du subjonctif en INSSE.*

Tenir, tenant, avoir ou ayant *tenu*. Participe *tenu*. Je et tu *tiens*, elle *tient*, nous *tenons*, vous *tenez*, elles *tiènent;* je *tenais*, etc. Je et tu *tins*, elle *tint*, nous *tînmes*, vous *tîntes*, elles *tinrent*, sur la colonne en *ins*. Toujours l'accent circonflexe aux deux premières personnes du pluriel. Je *tiendr ai*, tu *tiendr as*, etc. ; que je *tièn e*, que tu *tièn es*, qu'elle *tièn e;* que nous *ten ions*, que vous *ten iez*, qu'elles *tièn ent;* que je *tin sse*, etc., sur la troisième colonne en *insse*. Ne pas oublier l'accent circonflexe à la troisième personne du singulier, qu'elle *tînt*. Conditionnel : je *tiendr ais*, etc. Impératif : *tien s*, qu'elle *tièn e*, *ten ons*, *ten ez*, qu'elles *tièn ent*.

Ainsi se conjuguent : *Retenir, soutenir, maintenir, appartenir, détenir, contenir, entretenir, obtenir.*

N° 3. RÈGLE. — Les verbes en *enir* ont l'adjectif d'action en *enant*, le participe en *enu*, le présent en *iens*, l'imparfait en *enais*, le passé défini en *ins*, l'imparfait du subjonctif en *insse*, le futur en *iendrai*, le conditionnel en *iendrais*.

N° 4. RÈGLE GÉNÉRALE. — L'imparfait du subjonctif se forme toujours sur la même inflexion que le passé défini auquel il correspond. On change *tu* en *je*, et on ajoute *se* au passé défini pour former la première personne de l'imparfait du subjonctif. Ainsi de *tu marchas, tu sortis, tu vins, tu connus,* on forme *que je marchas* SE, *que je sortis* SE, *que je vins* SE, *que je connus* SE.

N° 5. RÈGLE. — Les verbes de la première conjugaison sont les seuls qui aient l'inflexion *as* au passé défini, et l'inflexion *asse* à l'imparfait du subjonctif.

N° 6. RÈGLE GÉNÉRALE. — Le conditionnel de tout verbe se forme toujours sur le futur auquel il correspond. Il ne faut qu'ajouter une *s* à la première personne du futur, pour former celle du conditionnel. Je *prie* rai, fait je *prie* rais; je *fini* rai, je *fini* rais; je *viend* rai, je *viend* rais; je *cour* rai, je *cour* rais, etc.

CHAPITRE V.

TROISIÈME CONJUGAISON. (1).

VERBES D'ACTION EN OIR.

§. I. — *Passé défini en* US, *imparfait du subjonctif en* USSE.

Conjugaison du verbe AVOIR.

AVOIR un chapeau, *ayant*, avoir ou ayant *eu*. Participe *eu*. — J'ai, tu *as*, elle *a*, nous *avons*, vous *avez*, elles *ont*. — J'av *ais*. — J'*eus*. — J'aur *ai*. — Que j'*aye*, que tu *aies*, qu'elle *ait*, que nous *ayons*, que vous *ayez*, qu'elles *aient*. — Que j'*eusse*. — J'au *rais*. — *Aie*, qu'elle *ait*, *ayons*, *ayez*, qu'elles *aient*.

(1) Elle contient peu de verbes, et ils sont tous irréguliers. Nous donnons ici les plus usités.

Nota. C'est le seul verbe qui se sert d'auxiliaire à lui-même. *Voyez* le tableau. J'ai eu. — J'eus eu. —J'avais eu. — J'aurai eu. — Que j'aye eu. — Que j'eusse eu. —J'aurais eu.

RECEVOIR une somme, *recevant, reçu.* — *Je* et *tu* reçois, *elle* reçoit, *nous* recev ons, recev ez, reçoiv ent. — *Je* recev *ais.* — *Je* reç *us.* — *Je* recev *rai.* — *Que je* reçoiv *e, tu* reçoiv es, *elle* reçoiv e, recevi *ons,* recevi *ez,* reçoiv *ent.* — *Que je* reç *usse.* — *Je* recev *rais.* — *Reçois,* qu'elle *reçoive,* recevons, recevez, qu'elles *reçoivent.*

Ainsi se conjuguent : *Percevoir, apercevoir, concevoir.* Participes, *perçu, aperçu, conçu.*

Nota. Ne pas oublier la cédille sous le *ç* devant les voyelles *o, u.*

DEVOIR un sou, dev *ant, dû.* — *Je* et *tu* dois s, *elle* doi *t, nous* dev ons, dev ez, doiv ent. — *Je* dev *ais.* — *Je* d *us.* — *Je* dev *rai.* — *Que je* doiv e, doiv es, doiv e, dev *ions,* dev *iez,* doiv *ent.* — *Que je* d *usse.* — *Je* dev *rais.* — Dois *s,* qu'*elle* doiv e, dev ons, dev ez, qu'elles doiv ent. — Conjuguez *redevoir, redû.*

N° 1. RÈGLE. — Les verbes en *evoir* ont le futur en *evrai* et le conditionnel en *evrais.*

SAVOIR une leçon, *sachant, su.* — *Je* et *tu* sai s, *elle* sai t, *nous* sav ons, sav ez, sav ent. — *Je* sav *ais.* — *Je* s *us.* — *Je* sau *rai.* — *Que je* sach e. — *Que je* s *usse.* — *Je* sau *rais.* — *Sache,* qu'*elle* sach e, sach ons, sach ez, qu'elles sach ent.

MOUVOIR un bras, *mouvant, mu.* — *Je* et *tu* meu s, *elle* meu *t, nous* mouv ons, mouv ez, meuv ent. — *Je* mouv *ais.* — *Je* m *us.* — *Je* mouv *rai.* — *Que je* meuv e, meuv es, meuv e, mouv *ions,* mouv *iez,* meuv *ent.* — *Que je* m *usse.* — *Je* mouv *rais.* — Meu s, qu'*elle* meuv e, mouv ons, mouv ez, qu'*elles* meuv ent.

POURVOIR à ses besoins, pourvoy *ant,* pourv u. — *Je* et *tu* pourvoi s, *elle* pourvoi t, *nous* pourvoy ons, pourvoy ez, pourvoi ent. — *Je* pourvoy *ais.* — *Je* pourv *us.* — *Je* pourvoi *rai.* — *Que je* pourvoy e. — *Que je* pourv *usse.* — *Je* pourvoi *rais.* — Pourvoi s, qu'*elle*

pourvoy *e*, pourvoy *ons*; pourvoy *ez*; qu'elles pourvoy *ent*.

§. II. — *Présent terminé en* X.

Vouloir, *voulant*, *voulu*. Je et tu *veux*, elle *veut* sur
la colonne annexe en *x*. Nous *voul ons*, vous *voul ez*,
elles *veul ent*; je *voul ais*; je *voul us*; je *voud rai*; que je
veuill e, que nous *voul ions*, *voul iez*, qu'elles *veuill ent*;
que je *voul usse*; je *voud rais*; *veuill e*, qu'elle *veuill e*,
veuill ons, *veuill ez*, qu'elles *veuill ent*.

Pouvoir, *pouvant*, *pu*. Je et tu *peux*, elle *peut*, nous
pouv ons, vous *pouv ez*, elles *peuv ent*; je *pouv ais*; je
pu s; je *pour rai*; que je *puiss e*; que je *pu sse*; je *pour-
rais*; sans impératif.

Valoir, *valant*, *valu*. Je et tu *vaux*, elle *vaut*, nous
val ons, vous *val ez*, elles *val ent*; je *val ais*; je *val us*;
que je *vaill e*, que nous *val ions*, que vous *val iez*,
qu'elles *vaill ent*; que je *val usse*; je *vaud rais*; *vaill e*,
qu'elle *vaill e*, *val ons*, *val ez*, qu'elles *vaill ent*.

Ainsi se conjuguent : *prévaloir*, *prévalant*, *prévalu*.

N° 2. RÈGLE. — Les verbes *vouloir*, *pouvoir*,
valoir et *prévaloir*, changent l's en *x* aux deux
premières personnes du singulier du présent de
l'indicatif. « Je et tu *veux*; je et tu *peux*; je et tu
vaux. »

PLEUVOIR, *pleuvant*, *plu*. — Il *pleut*, il *pleuvait*, il
plut, il *pleuvra*, qu'il *pleuve*, qu'il *plût*, il *pleuvrait*. Ce
verbe, ainsi que le suivant, ne se conjugue qu'à la troisième personne du singulier, avec le pronom indéfini *il*.

FALLOIR, *fallu*. — Il *faut*, il *fallait*, il *fallut*, il *faudra*, qu'il *faille*, qu'il *fallût*, il *faudrait*.

Les temps composés, *il a plu*, *il a fallu*, etc., comme
de coutume. Ces deux derniers verbes sont dits *imper-
sonnels*.

§. III. — *Passé défini en* IS, *imparfait du subjonctif en* ISSE.

VOIR un tableau, *voyant*, *vu*. Je et tu *vois*, elle *voit*,
nous *voy ons*, vous *voy ez*, elles *voi ent*. Je *voy ais*, etc.;

nous *voy* ions, *voy* iez, *voy* aient. Je *vis*, etc. Je *ver*-rai, etc. Que je *voy* e, que nous *voy* ions, *voy* iez, qu'elles *voy* ent. Que je *v* isse; je *ver* rais; *vois* s, qu'elle *voy* e, *voy* ons, *voy* ez, qu'elles *voy* ent.

Ainsi se conjuguent : *Revoir, entrevoir, prévoir.* Ce dernier fait au futur, je *prévoi* rai, et par conséquent au conditionnel, je *prévoi* rais.

Asseoir un enfant, *asseyant*, participe *assis.* J'as-*sieds*, tu *assieds*, elle *assied*, sur la colonne en *d* final; nous *assey* ons, vous *assey* ez, elles *assey* ent. J'as-*sey* ais; j'*ass* is; j'*assié* rai; que j'*assey* e; que j'*ass* isse; j'*assié* rais; *assie* ds, qu'elle *assey* e, *assey* ons, as-*sey* ez, qu'elles *assey* ent.

Ainsi se conjugue : *Rasseoir*, participe *rassis.*

Surseoir, *sursoyant, sursis.* — *Je* et *tu* sursoi *s*, elle sursoi *t;* sursoy *ons*, sursoy *ez*, *elles* sursoi *ent.* — *Je* sursoy *ais.* — *Je* surs *is.* — *Je* sursoi *rai.* — Que *je* sur-soy *e.* — Que *je* surs *isse.* — *Je* sursoi *rais.* — Sursoi *s*, qu'*elle* sursoy *e*, sursoy *ons*, sursoy *ez*, qu'*elles* sur-soy *ent.* Et les temps composés.

Seoir, *séant, sis.* — Cela *sied* bien. Ces couleurs vous *siéent;* cet habit lui *sey* ait. Il *siéra;* il *siérait.* La *société* séante à ....., une maison *sise* à ..... Point de temps composés, et pas d'autres temps simples que ceux-là. C'est un verbe défectueux. On appèle ainsi ceux qui n'ont pas tous leurs temps.

CHAPITRE VI.

QUATRIÈME CONJUGAISON EN RE.

§. I. — *Passé défini en* IS, *imparfait du subjonctif en* ISSE.

Verbes en DRE, qui conservent le D.

Prendre un bain, *prenant*, participe *pris.* Je et tu *pren* ds, elle *prend* (sur la colonne en *d*), *pren* ons, *pren* ez, *prèn* ent. Je *pren* ais; je *pr* is; je *prend* rai; que je *prèn* e (ne mettre l'accent grave sur le radical PREN que quand il est suivi d'un *e* muet; car dans *pren* ions, *pren* iez, il n'en faut pas). Que je *pri* sse; je *prend* rais. IMPÉRATIF, *prends* (toujours comme la pre- mière personne du présent de l'indicatif, je *prends*, en retranchant *je*). *Pren* ons, *pren* ez, qu'elles *prèn* ent. (1)

Ainsi se conjuguent : *Entreprendre, comprendre, reprendre, apprendre, désapprendre.* Participes, *en- trepris, compris, repris, appris, désappris.*

Conjuguez de même : *Rendre, rendant, rendu; ten- dre, fendre, entendre, vendre, défendre, étendre. — Épandre, répandre.* Participes, *tendu, fendu, entendu, vendu, défendu, détendu. — Épandu, répandu.*

N° 1. RÈGLE. — Les verbes en *endre* s'écrivent par *e, n;* il n'y a que les deux verbes *épandre* et *répandre* qui s'écrivent par *a, n.*

COUDRE un bouton, *cousant,* participe *cousu.* Je *cou* ds, etc., nous *cous* ons, vous *cous* ez, elles *cous* ent; je *cous* ais; je *cous* is; je *coud* rai; que je *cous* e; que je *cous* isse; je *coud* rais; *cou* ds, qu'elle *cous* e, *cous* ons, etc.

Ainsi se conjuguent : *Recoudre, découdre.*

MORDRE à même, *mordant, mordu.* Je *mor* ds; je *mord* ais; je *mord* is; je *mord* rai; que je *mord* e; que je *mord* isse; je *mord* rais; *mord* s, qu'elle *mord* e, etc.

Ainsi se conjuguent : *Remordre, démordre, tordre, retordre, détordre, tondre, fondre, retondre, refondre.* Participe en *du*, en changeant *dre* en *du.*

Emploi de l'auxiliaire ÊTRE.

INFINITIF. *Se* mordre, *se* mordant, *s'être* ou *s'étant* mordu. — PARTICIPE. Mord*u*, mord*ue* (variable à tous les temps).

Employez le double pronom personnel *je me, tu te, elle se, nous nous, vous vous, elles se,* à tous les temps. IMPÉRATIF. Mords-*toi,* qu'elle *se* morde, mordons-*nous,* mordez-*vous,* qu'elles *se* mordent.

Pour les temps composés, *je me* suis mord *u* (ou

---

(1) Les temps composés comme à l'ordinaire avec le participe, une fois dit pour toutes.

mord *ue*), *nous nous* sommes mord *us* (ou mord *ues*), etc.
Voyez page 68, tableau n° 5.

§. II. — *Verbes en* DRE *qui perdent le* D.

PEINDRE une fleur, *peignant*, participe *peint*. Je *pein* s,
nous *peign* ons, etc.; je *peign* ais; je *peign* is; je *pein-
d* rai; que je *peign* e; que je *peign* isse; je *peind* rais;
pein s; qu'elle *peign* e, *peign* ons, *peign* ez, qu'elles
peign ent.

Ainsi se conjuguent : *Teindre, atteindre, geindre,
joindre, craindre, plaindre, contraindre, enjoindre,
feindre, astreindre, déteindre, éteindre,* et généralement tous ceux qui sont en *g* mouillé (en *gnant*). Participe en *eint,* en changeant *dre* en *t.*

N° 2. RÈGLE. — Les verbes en *eindre* s'écrivent
par *e, i, n;* il n'y a que les trois verbes *craindre,
plaindre* et *contraindre,* qui s'écrivent par *a, i, n.*

Seconde série. Passé défini en US.

Résoudre un problème, *résolvant, résolu.* Je et tu
résou s, elle *résou* t, nous *résolv* ons, *résolv* ez, *résolv* ent; je *résolv* ais; je *résol* us; je *résoud* rai; que je
résolv e; que je *résol* usse; je *résoud* rais; *résou* s, qu'elle
résolv e, *résolv* ons, *résolv* ez, qu'elles *résolv* ent.

Ainsi se conjuguent : *Absoudre,* participe *absous,* et
dissoudre, participe *dissous* (au féminin, *absoute, dis-
soute,* mais ne les variez pas). Tous deux sans passé défini, et sans imparfait du subjonctif. Ce sont deux verbes
défectueux.

N° 3. RÈGLE. — Les verbes en *dre* conservent
généralement le *d* aux trois personnes du singulier du présent de l'indicatif, à l'exception de ceux
dont le modificatif d'action est en *gnant* ou en
vant, qui le perdent.

CROIRE en Dieu, croy *ant,* cru. — *Je* et *tu* croi s, elle
croi t, *nous* croy ons, *vous* croy ez, *elles* croi ent. — *Je*
et *tu* croy *ais, elle* croy *ait, nous* croy *ions, vous*
croy *iez, elles* croy *aient.* — *Je* cr *us.* — *Je* croi *rai.*
— *Que je* croy *e,* croy *ions,* croy *iez,* qu'*elles* croy *ent.*

—Que *je crusse*. — *Je* croir *ais*. — Crois, qu'elle croy *e*, croy *ons*, croy *ez*, qu'elles croy *ent*.

BOIRE un coup, *buvant, bu.* — *Je* et *tu* bois *s*, *elle* boi *t*, buv *ons*, buv *ez*, boiv *ent*. — *Je* buv *ais*. — *Je* b *us*. — *Je* boi *rai*. — Que *je* boiv *e*, boiv *es*, boiv *e*, buv *ions*, buv *iez*, boiv *ent*. — Que *je* b *usse*. — *Je* boi *rais*. — boi *s*, qu'*elle* boiv *e*; buv *ons*, buv *ez*, qu'*elles* boiv *ent*.

N° 4. RÈGLE. — Les verbes en *oir* sont de la troisième conjugaison; il n'y a que les deux verbes *croire* et *boire* qui se terminent par un E muet, et sont de la quatrième.

PARAÎTRE à la nuit, paraiss *ant*, paru. — *Je* et *tu* parais *s*, *elle* par *aît*; paraiss *ons*, paraiss *ez*, paraiss *ent* (1). — *Je* paraiss *ais*. — *Je* par *us*. — *Je* paraît *rai*. — Que *je* paraiss *e*. — Que *je* par *usse*. — *Je* paraît *rais*. — Parai *s*, qu'elle paraiss *e*, paraiss *ons*, paraiss *ez*, qu'*elles* paraiss *ent*.

Ainsi se conjugue : *Connaître, connaissant, connu.* — Et de même *disparaître, méconnaître, reconnaître, reparaître.* Participes, *connu, disparu, méconnu, reconnu, reparu.* — Ajoutez une s au participe, vous avez le passé défini, *je connus.* — Ajoutez SE, vous formez l'imparfait du subjonctif, que *je connusse.* (Page 24, règle 4.)

LIRE une lettre, lis *ant*, lu. — *Je* et *tu* li *s*, *elle* li *t*. Sur LIS *ant*, formez 1° lis *ons*, lis *ez*, lis *ent*. — 2° L'imparfait, *je* lis *ais*. 3° Le présent du subjonctif, que *je* lis *e*. — Sur le passé, *je* l *us*, formez l'imparfait du subjonctif, que *je* l *usse*. — Sur l'infinitif *lire*, formez le futur et le conditionnel, li *rai*, lir *ais*. — Avec le participe *lu*, formez tous les temps composés, j'ai *lu*, j'eus *lu*, etc. Impératif, *lis* (comme la première personne du présent,

---

(1) Remarquez que les trois personnes du pluriel se forment régulièrement sur l'adjectif d'action, en changeant la finale *ant* en *ons, ez, ent*; car c'est bien avec PARAISS *ant*, que nous formons, *nous* PARAISS *ons*, *vous* PARAISS *ez*, *elles* PARAISS *ent*. — C'est de la même manière qu'on forme l'imparfait de l'indicatif, *je* PARAISS *ais*. — C'est encore le même radical qui nous sert pour le présent du subjonctif. que *je* PARAISS *e*. Il n'y a plus qu'à joindre à ce radical les finales du Tableau, lesquelles sont communes à tous les verbes. C'est ainsi qu'on se fait une idée d'un bon système de conjugaison.

en retranchant *je*). Qu'*elle* lis *e* (c'est la troisième personne du subjonctif). Lis *ons*, lis *ez* (en retranchant seulement *nous* et *vous* du présent de l'indicatif). Qu'*elles* lis *ent* (c'est la troisième personne du pluriel du présent du subjonctif). Cette remarque est d'autant plus importante, que c'est la marche à suivre pour tous les verbes.

Conjuguez de même *relire*.

VIVRE à la campagne, viv *ant*, vécu. — Je et tu vi *s*, elle vi *t*. — Je viv *ais*. — Je véc *us*. — Je viv *rai*. — Que je viv *e*, etc.

Passé défini en IS.

ÉCRIRE un mot, écriv *ant*, écrit. — Je et tu écri *s*, elle écri *t*, écriv *ons*, écriv *ez*, écriv *ent*. — J'écriv *ais*. — J'écriv *is*. — J'écrir *ai*. — Que j'écriv *e*. — Que j'écriv *isse*. — J'écrir *ais*. — Écri *s*, qu'elle écriv *e*, écriv *ons*, écriv *ez*, qu'elles écriv *ent*.

Ainsi se conjuguent : *Transcrire, inscrire, décrire, proscrire, circonscrire.* Participe en *it*, transcr *it*, inscr *it*, etc.

LUIRE aux lumières, luis *ant*, lui. — Je et tu lui *s*, elle lui *t*; luis *ons*, luis *ez*, luis *ent*. — Je luis *ais*. — Je luis *is*. — Je lui *rai*. — Que je luis *e*. — Que je luis *isse*. — Je lui *rais*. — Lui *s*, qu'elle luis *e*, luis *ons*, luis *ez*, qu'elles luis *ent*.

Conjuguez de même *reluire, reluisant, relui.*

Les verbes suivants ont le participe en *uit*. Exemple : CONDUIRE une personne, conduis *ant*, participe *conduit*. *Réduire, réduisant, réduit. Instruire, instruisant, instruit. Construire, construisant, construit. Introduire, introduisant, introduit. Induire, induisant, induit.* Le passé est en *uisis*, et l'imparfait du subjonctif en *uisisse*.

DIRE une vérité, dis *ant*, dit. — Je et tu di *s*, elle di *t*; dis *ons*, dites, dis *ent*. — Je dis *ais*. — Je d *is*. — Je dirai. — Que je dis *e*. — Que je disse. — Je dir *ais*. — Di *s*, qu'elle dis *e*, dis *ons*, di *tes*, qu'elles dis *ent*.

Ainsi se conjuguent: *Redire, prédire, contredire.* Ces deux derniers font à la seconde personne du pluriel du présent de l'indicatif, vous prédis *ez*, vous contredis *ez*.

SUFFIRE à tout, suffis *ant*, *suffi*. — *Je* et *tu* suffi *s*, *elle* suffi *t* ; suffis *ons*, suffis *ez*, suffis *ent*. — *Je* suffis *ais*. — *Je* suff *is*. — *Je* suffir *ai*. — Que *je* suffis *e*. — Que *je* suff *isse*. — *Je* suffir *ais*. — Suffi *s*, qu'*elle* suffis *e*, suffis *ons*, suffis *ez*, qu'*elle* suffis *ent*.

N° 5. RÈGLE. — Les verbes en *ir* sont de la seconde conjugaison; mais ceux en IRE qui sont de la quatrième, se reconnaissent à l'adjectif d'action en *isant*, comme *lisant*, *instruisant*, ou *en ivant*, comme *écrivant*, *inscrivant*.

Il faut y joindre les trois suivants : *rire*, *frire* et *bruire*.

RIRE un peu, ri *ant*, *ri*. — *Je* et *tu* ri *s*, *elle* ri *t* ; ri *ons*, ri *ez*, ri *ent*. — *Je* ri *ais*, etc. (1) — *Je* ri *s*. — *Je* ri *rai*. — Que *je* ri *e*. — Que *je* ri *sse*. — *Je* ri *rais*. — Ri *s*, qu'*elle* ri *e*, ri *ons*, ri *ez*, qu'*elles* ri *ent*.

FRIRE à la poële. Participe *frit*. Point d'autres temps. Ne dites pas *je fris*, c'est le poisson qui *frit*; dites *je fais frire*.

BRUIRE aux oreilles, *bruyant*. La mer *bruit*, les flots *bruissent*. On dit, *des enfants bruyants*; alors *bruyant* n'est plus dans ce sens adjectif d'action, mais d'état; il exprime ce que le sujet est, et non ce qu'il fait. On peut dire que des enfants sont *bruyants*, sans pour cela dire qu'ils font du bruit dans le moment où l'on parle d'eux. Point d'autres formes verbales.

FAIRE une faute, *fesant*, *fait*. — *Je* et *tu* fai *s*, *elle* fai *t*, nous fes *ons*, vous fait *es*, *elles* font. — *Je* fes *ais*. — *Je* fis. — *Je* fe *rai*. — Que *je* fass *e*. — Que *je* fissé. — *Je* fe *rais*. — Fai *s*, qu'*elle* fass *e*, fes *ons*, fait *es*, qu'*elles* fass *ent*.

Conjuguez de même, *défaire*, *refaire*, *contrefaire*, *surfaire*. Participes *défait*, *refait*, *contrefait*, *surfait*.

Nota. Il sera bon de s'exercer à la conjugaison orale de tous les verbes dont le participe se termine en *t*.

(1) Nous ri *ions*, vous ri *iez*, aux deux premières personnes du pluriel de ce temps, et au présent du subjonctif. (Page 16, n° 6.)

METTRE un chapeau, mett *ant*, *mis*. — *Je* et *tu* met *s*, *elle* me *t*; mett *ons*, mett *ez*, mett *ent*. — *Je* mett *ais*. — *Je* m *is*. — *Je* mett *rai*. — Que *je* mett *e*. — Que *je* m *isse*. — Met *s*, qu'*elle* mett *e*, mett *ons*, mett *ez*, qu'*elles* mett *ent*.

Ainsi se conjuguent : *Remettre, permettre, omettre, transmettre, compromettre.*

ROMPRE une branche, romp *ant*, *rompu*. — *Je* et *tu* romp *s*, *elle* romp *t*, romp *ons*, romp *ez*, romp *ent*. — *Je* romp *ais*. — *Je* romp *is*. — *Je* romp *rai*. — Que *je* romp *e*. — Que *je* romp *isse*. — *Je* romp *rais*. — Romp *s*, qu'*elle* romp *e*, romp *ons*, romp *ez*, qu'*elles* romp *ent*.

Ainsi se conjuguent : *Interrompre* et *corrompre*.

CONVAINCRE un entêté, convainqu *ant*, *convaincu*. — *Je* et *tu* convainc *s*, *elle* convainc ; convainqu *ons*, convainqu *ez*, convainqu *ent* (1). — *Je* convainqu *ais*. — *Je* convainqu *is*. — *Je* convainc *rai*. — Que *je* convainqu *e*. — Que *je* convainqu *isse*. — *Je* convainc *rais*. — Convainc *s*, qu'*elle* convainqu *e*, convainqu *ons*, convainqu *ez*, qu'*elles* convainqu *ent*.

Conjuguez ainsi *vaincre*.

N° 6. RÈGLE. — Le modificatif d'action est toujours terminé en *ant*, et est invariable ; il signifie *fesant l'action de...* EXEMPLE : « Nous avons vu des dames *obligeant* les malheureux, et *charmant* la société par leurs vertus ; » c'est-à-dire, *qui obligeaient, qui charmaient*, autrement fesant l'action d'*obliger*, de *charmer*, voilà ce que le sujet fait.

Quand on se sert du mot en *ant* pour exprimer l'état du sujet, il est adjectif variable. EXEMPLE :

_____

(1) Remarquez que les trois personnes du pluriel se forment sur l'adjectif d'action, en changeant la finale *ant* en *ons*, *ez*, *ent*. Même remarque sur l'imparfait de l'indicatif, et sur le présent du subjonctif. Je la répète parce qu'elle est importante en ce qu'elle réduit à bien peu de chose les irrégularités dont sont remplies les grammaires de l'école. L'observation des faits, c'est la meilleure des théories.

« Nous avons vu des dames *obligeantes*, des personnes *charmantes*. » Ici c'est la qualité qu'on exprime; ce n'est plus ce que le sujet fait, c'est ce qu'il est.

N° 7. RÈGLE. — Il y a quatre conjugaisons qui se reconnaissent à l'infinitif. La première en *er*, la seconde en *ir*, la troisième en *oir*, et la quatrième en *re*.

CHAPITRE VII.

RÉCAPITULATION DU QUATRIÈME TABLEAU.

Nota. — Ce chapitre doit être appris et su par les élèves, qui auront le tableau sous les yeux, pour répondre aux questions du maître.

DEMANDE. Quelles remarques à faire sur les trois personnes du singulier du présent de l'indicatif?

RÉPONSE. Il y en a quatre : 1° Elles se terminent généralement comme au verbe *être*, savoir : par une *s* aux deux premières personnes, et par un *t* à la troisième. EXEMPLE : *Finir* fait *je* et *tu finis*, elle *finit* ; *voir* fait *je* et *tu vois*, elle *voit* ; *lire* fait *je* et *tu lis*, elle *lit*.

2° La colonne annexe en *e* muet nous rappèle tous les verbes de la première conjugaison, et quelques-uns de la seconde, comme *cueillir*, je *cueille* ; *souffrir*, je *souffre*, sans *s* à la première, et sans *t* à la troisième.

3° La troisième colonne nous rappèle les verbes en *dre*, qui conservent leur *d* aux trois personnes du singulier, comme *prendre*, je *prends* ; *coudre*, je *couds*, etc.; à l'exception des verbes en *gnant* et en *vant*, comme *craindre*, je *crains* ; *résoudre*, je *résous* ; lesquels perdent leur *d*. Ils ren-

trent dans la règle générale, une *s* aux deux premières personnes, un *t* à la troisième.

4° La quatrième nous rappèle les verbes *valoir,
vouloir* et *pouvoir,* qui changent leur *s* en *x* aux
deux premières personnes du singulier.

D. Quelles remarques sur le pluriel ?

R. La première personne finit toujours par *ons,*
la seconde par *ez,* quand l'*e* est fermé, et par *es,*
quand il est muet, comme dans vous *dites,* vous
faites, vous *étes* ; la troisième par *ent,* à l'exception des verbes *aller, faire, avoir* et *étre,* qui se
terminent par *ont :* ils *vont,* ils *font,* ils *ont,* ils
sont.

D. Quelle remarque sur l'imparfait ?

R. Tous les verbes prènent les finales du verbe
étre. Ceux qui ont un *i* ou un *y* dans le radical se
terminent par *iions, iiez; yions, yiez.*

D. Quelles remarques sur le passé défini ?

R. Il y a quatre inflexions au passé défini : elles
se reconnaissent à la seconde personne du singulier.

L'inflexion *as* n'appartient qu'à la première conjugaison. Les trois autres conjugaisons ont les deux
inflexions *is* et *us.* EXEMPLE : *courir* et *sortir* font
je *courus,* je *sortis; recevoir* et *voir* font je *reçus,*
je *vis; lire* et *écrire* font je *lus,* j'*écrivis.* Il n'y a
que les verbes en *enir* qui prènent l'inflexion *ins,*
comme *tenir,* je *tins.*

D. Quelle remarque sur le futur ?

R. Une seule : tous les verbes de la première
conjugaison, et quelques-uns de la seconde, prènent
l'*e* muet, et font *erai.* EXEMPLE : Je *chante* rai, tu
chante ras, je *cueille* rai, tu *cueille* ras, etc. Tous
les autres verbes ne prènent point l'*e* muet, mais
seulement les finales *rai, ras, ra, rons, rez, ront.*

D. Quelle remarque sur le présent du subjonctif?

R. Une seule : tous les verbes finissent par un *e* muet au singulier, et par *ions, iez, ent,* au pluriel. Même remarque qu'à l'imparfait de l'indicatif pour les radicaux en *i* et en *y,* devant *ions, iez.*

D. Quelle remarque sur l'imparfait du subjonctif?

R. Une seule : il est toujours formé sur la même inflexion que le passé défini.

D. Quelle remarque sur le conditionnel?

R. Une seule : toujours semblable au futur d'où il est formé.

D. Quelles remarques sur l'impératif?

R. Il n'a point de première personne au singulier, et commence par la seconde ; cette seconde personne se forme sur la première de l'indicatif, dont on retranche *je;* ainsi, de je *marche,* on forme *marche,* en *e* muet. De je *vois,* je *prends,* on forme *vois, prends.* La troisième personne est en *e* muet pour tous les verbes.

Le pluriel comme au verbe *étre.*

§. I. — *Des verbes transitifs et de leurs régimes.*

Nᵒ 1. RÈGLE. — Un verbe est transitif quand l'action qu'il exprime tombe directement sur un objet quelconque, et cet objet s'appèle, en grammaire, régime direct ; il répond à la question *quoi?*

EXEMPLE : « La souris ronge le pain. »

La *souris* est le sujet, puisque c'est elle qui fait l'action de ronger ; mais elle ronge *quoi?*.

R. Le *pain* : le substantif *pain* est donc le régime direct du verbe.

Autre EXEMPLE : « Le chat mange la souris. »

Ici c'est le *chat* qui est le sujet : il mange ; mais il mange *quoi?* — La *souris.* C'est donc le substantif *souris* qui est le régime direct.

Nº 2. RÈGLE. — Le régime direct est l'être qui reçoit directement l'action du sujet; il répond à la question *quoi?* On l'appèle aussi complément direct.

- Nº 3. RÈGLE. — Tout verbe qu'on ne peut pas interroger par la question *quoi?* est intransitif, et ne peut avoir de régime direct. Tels sont, par exemple, les verbes *marcher, éternuer, rire, nager, transpirer,* et généralement tous ceux après lesquels on ne peut pas placer immédiatement l'un des deux mots d'essai *quelqu'un* ou *quelque chose.*

Nº 4. RÈGLE. — Le régime indirect est toujours séparé du verbe par une préposition; il indique l'objet vers lequel se dirige l'action. EXEMPLE : « Il marche *vers* le bois. » — Le sujet est *il*, le verbe est *marche*, le régime indirect est *bois.* On l'appèle aussi complément indirect.

Nº 5. RÈGLE. — Le régime indirect répond à l'une des questions à *qui?* ou à *quoi? sur quoi? dans quoi? vers quoi?* etc. Et jamais à la simple question *qui?* ou *quoi?* qui n'est que pour le régime direct.

Nº 6. RÈGLE. — Le participe employé pour exprimer l'état du sujet, est adjectif, et s'accorde avec son substantif en genre et en nombre : « Une personne *habillée*, une maison *bâtie;* les arbres sont *plantés*, les fleurs sont *arrosées*, leurs places sont *retenues;* cette dame est *allée* à la campagne; ces dames sont *arrivées, revenues.* »

Nº 7. RÈGLE. — On appèle *participe-verbe* celui qu'on emploie dans les temps composés pour exprimer l'action. Tant qu'il n'a pas de régime direct exprimé avant lui, il reste invariable, quel que soit l'auxiliaire, *avoir* ou *être*, avec lequel il se conjugue.

EXEMPLE D'INVARIABILITÉ.

Elles ont *habillé* leurs enfants.
Ils se sont *bâti* une maison.
Nous avons *planté* des arbres.
Vous avez *arrosé* les fleurs.
Ils se sont *retenu* des places.

EXEMPLE DE VARIABILITÉ (1).

Elles *les* ont *habillés* (*les*, pour *enfants*).
Elles *se* sont *habillées* (*se* pour *elles-mêmes*).
Quelle *maison* se sont-ils *bâtie*?
Que d'*arbres* elle a *achetés!*
Sa sœur *les* a *plantés* (*les* pour *les arbres*).
Combien de *places* se sont-ils *retenues?*
Ils *se* sont *retenus* à la rampe (*se, eux-mêmes*).
Quelles belles *plantes* tu *as arrosées.*
Le participe-verbe est invariable, à moins qu'il n'ait un régime direct exprimé avant lui.

DEUXIÈME PARTIE.

EMPLOI DE L'AUXILIAIRE *ÊTRE*, VERBES RÉFLÉCHIS.

EXERCICES SUR LA DICTÉE.

CHAPITRE PREMIER.

§. I. *Verbes réfléchis-directs.*

INFINITIF SE COUPER à la main ; se coup *ant* à la main; s'*être* ou s'*étant coupé* à la main.
PARTICIPE *coupé, coupée* (variable). (2)

(1) Pour rendre sensible à l'œil le régime du participe, il est écrit comme lui en *italiques*. Interrogez toujours le verbe d'action par la question *quoi?* Voilà tout le mystère. C'est le régime qu'il faut connaître ; le participe n'est rien. (*Page* 36, *n°* 1 *et* 2.)

(2) *Se* couper, signifie ici couper *se*, ou soi-même; le régime précède, il faut former accord. *Je me coupe*, veut dire je coupe

INDICATIF. TEMPS PRÉSENT. Je *me* coup *e*, tu *te* coup *es*, elle *se* coup *e*, nous *nous* coup *ons*, vous *vous* coup *ez*, elles *se* coup *ent*.

IMPARFAIT. Je *me* coup *ais*, etc.

PASSÉ DÉFINI. Je *me* coup *ai*, etc.

PASSÉ INDÉFINI. Je *me* suis *coupé*, tu *t'* es *coupé*, elle *s'* est *coupée;* nous *nous* sommes *coupés*, vous *vous* êtes *coupés*, elles *se* sont *coupées*.

Nota. On voit qu'à la place du verbe *avoir* on emploie le verbe *être*. Comme les verbes réfléchis se conjuguent dans tous les temps avec le double pronom personnel, *je me, tu te, elle se*, etc., on leur donne le nom de *verbes pronominaux*. Continuez ainsi la conjugaison, et consultez le cinquième tableau pour la formation des temps composés. (Page 68.)

Dans les institutions de demoiselles, on leur fera mettre les deux premières personnes au féminin, et la troisième au masculin.

Verbes à conjuguer : *Se moucher, s'habiller, s'obliger; s'endormir, se divertir, se tenir* à sa place, *s'asseoir, se voir* dans une glace, *s'apercevoir; s'inscrire, se plaindre*, et généralement tous les verbes dont le sujet est lui-même régime direct de sa propre action.

N° 1. RÈGLE. — Un verbe est réfléchi-direct quand le sujet est lui-même régime direct de sa propre action, comme « Je *me* blesse, nous *nous* promenons. »

§. II. — *Verbes réfléchis-indirects.*

MODE INFINITIF. *Se couper* du pain, *se coupant* du pain, *s'être* ou *s'étant coupé* du pain.

PARTICIPE. *Coupé* (invariable).

Nota. On voit qu'il s'agit ici de couper du pain *à soi.*

---

moi; tu *te* coupes, tu coupes *toi*, etc. Nous *nous* sommes *coupés*, signifie, nous avons coupé *nous*. Le premier pronom personnel est sujet, et le second, régime direct. Pour mieux le reconnaître, il est écrit en lettres *italiques*.

Le régime direct est *pain*, et le *se* qui précède n'est qu'un régime indirect.

Continuez la conjugaison des temps simples sur le quatrième tableau, page 66, et consultez le cinquième, page 68, pour former les temps composés avec *être*. Laissez le participe invariable.

Verbes à conjuguer : *Se procurer* un livre, *se donner* une montre, *s'imaginer* un tour, *se retenir* une place, *se noircir* les mains, *se voir* une tache, *se faire* un grand mal, *se plaire* (1) à la campagne, *se rire* de quelqu'un, *se permettre* une plaisanterie, etc., et tous les verbes dont le sujet est régime indirect de sa propre action *(s rire*, signifie *rire en soi)*.

Nº 2. RÈGLE. — Un verbe est réfléchi-indirect quand le sujet est lui-même régime indirect de sa propre action, comme dans « *Je me fais mal, tu te donnes une montre* », ce qui signifie, je fais mal *à moi*, tu donnes une montre *à toi*. »

Nº 3. RÈGLE. — Les verbes réfléchis, directs ou indirects, se conjuguent avec le double pronom personnel, *je me, tu te, elle se, nous nous, vous vous, elles se*, et prènent pour auxiliaire le verbe *être* en remplacement d'*avoir*. (Voyez le cinquième tableau, page 68.)

§. III. — *Verbes exprimant l'action dans leurs temps simples, et l'état dans leurs temps composés.*

Conjugaison du verbe ALLER.

INFINITIF. *Aller* à la campagne, *allant*, être ou étant *allé*. Participe adjectif, *allé, allée*.

INDICATIF. PRÉSENT. Je et tu *vas*, elle *va*; all*ons*, all*ez*, vont. — J'all*ais*. — J'all*ai*. — Je suis *allé*. — Je

---

(1) *Plaire*, plais *ant, plu*. — *Je me* plai s. — Je me plais *ais* — *Je me* pl *us*. — *Je me* plai *rai*. — Que je me plais *e*. — Que je me pl *usse*. — *Je me* plai *rais*. — Plai s toi, qu'elle se plais *e*, plais *ons*-nous, etc. C'est un verbe intransitif : *On plait* à quelqu'un, on se plaît à soi-même.

fus *allé*. — J'étais *allé*. — J'i *rai*. — Que j'aill *e*, tu aill *es*, qu'elle aill *e*, alli *ons*, alli *ez*, aill *ent*. — Que j'all *asse*. — Que je sois *allé*. — Que je fusse *allé*. — J'i *rais*. — Je serais *allé*. — *Va* (1), qu'elle *aille*, all *ons*, all *ez*, qu'elles aill *ent*. Le participe s'accorde en genre et en nombre avec le sujet. On dira : « Cette dame est *allée* à la campagne ; ces dames sont *allées* à la promenade. » (Page 37, n° 6.)

Conjuguez de même : *Venir* en poste, *partir* à midi, *arriver* à l'heure dite, *convenir* du fait, *mourir* (2) au monde, *revenir* à soi, *apparaître* à minuit, *ressortir* aussitôt, *repartir* à l'instant, *naître* (3) en France, *entrer* en campagne.

Dans tous les temps composés des verbes ci-dessus, employez le verbe *être*, et faites accorder le participe adjectif en genre et en nombre avec chaque sujet *je*, *tu*, *il* ou *elle*, *nous*, *vous*, *ils* ou *elles*. On dit d'une dame qu'elle est *venue*, qu'elle est *arrivée*, comme on dit avec un adjectif ordinaire, qu'elle est *jolie*, qu'elle est *aimable*. Voilà ce que le sujet est, et non ce qu'il fait : il n'y a plus d'action.

REMARQUE ESSENTIELLE.

Quand on se sert des verbes *rentrer*, *sortir*, *monter*, *descendre*, dans un sens transitif (*page* 36, n°s 1 et 2), il faut nécessairement employer l'auxiliaire *avoir*, et dire : « *J'ai rentré* les foins, *j'ai sorti* le cheval, *j'ai monté* des meubles au grenier, *j'ai descendu* des bouteilles à la cave. » Mais quand l'action est intransitive (*page* 37,

---

(1) Point d's au verbe. On dit *va* à Versailles; *va* en chercher. On met une *s* euphonique à *va-s-y*. On dit *va-t'en*, pour dire *retire-toi*, *sors de là*.

(2) *Mourir*, mour *ant*, participe *mort*, *morte*. — Je et tu meur *s*, elle meur *t*; mour *ons*, mour *ez*, meur *ent*. — Je mour *ais*. — Je mour *us*. — Je mour *rai*, que je meur *e*, meur *es*, meur *e*, mouri *ons*, mouri *ez*, qu'elles meur *ent*. — Que je mour *usse*. — Je mour *rais*. — Meur *s*, qu'elle meur *e*, mour *ons*, mour *ez*, qu'elles meur *ent*.

(3) *Naître*, naiss *ant*, participe *né*, *née*. Se conjugue comme *paraître*, paraiss *ant*, excepté le passé défini, je naqu *is*, et l'imparfait du subjonctif, que je naqu *isse*.

2*

n° 3), il faut employer le verbe *être*, et rendre le participe adjectif.

« Je suis *sorti* à midi, et je suis *rentré* à trois heures; je suis *monté* en voiture à six heures, et j'en suis *descendu* à sept heures. »

Tu es *sorti* à midi, tu es *rentré* à trois heures, etc.

Julie est *sortie* à midi, elle est *rentrée*, etc.

Nous sommes *sortis* à midi, etc.

Vous êtes *sortis* à midi, etc.

Julie et Rose sont *sorties* à midi, elles sont *rentrées*, etc.

Nota. Les demoiselles feront l'inverse, elles mettront chaque participe-adjectif au féminin, aux deux premières personnes, et elles emploieront le masculin à la troisième.

N° 4. RÈGLE. — Plusieurs verbes, soit intransitifs, comme *aller, venir,* soit employés intransitivement, comme *entrer, sortir,* expriment l'action dans leurs temps simples, et l'état dans leurs temps composés. Le participe devient adjectif, et s'accorde en genre et en nombre avec le sujet du verbe *être.* EXEMPLE : « Elle est *allée* à la campagne; elle est *venue* ici; elle est *entrée* à trois heures, elle est *sortie* à quatre. »

§. IV. — *Participe-verbe variable et invariable*

« J'ai *acheté* des plumes, je *les* ai *taillées,* je *les* ai *essayées,* je *les* ai *trouvées* bonnes. Je me suis *procuré* des livres *que j'ai lus.* »

Application de la Règle, n°7, *page* 37.

Acheté, participe-verbe invariable parce qu'il n'a pas de régime direct exprimé avant lui.

Taillées, participe-verbe variable parce qu'il a son régime direct *les,* pour les *plumes,* exprimé avant lui.

Essayées, variable parce qu'il a son régime direct *les,* pour les *plumes,* exprimé avant lui.

Trouvées, variable parce qu'il a son régime direct *les*, pour les *plumes*, exprimé avant lui.

Procuré, invariable parce qu'il n'a pas de régime direct exprimé avant lui.

Lus, variable parce qu'il a son régime direct *que*, pour les *volumes*, exprimé avant lui.

Traduisez ensuite les phrases ci-dessous sur les autres personnes grammaticales, et renfermez-vous dans la règle du participe-verbe. Pour rendre le régime direct transposé sensible à l'œil, il est écrit en lettres italiques, comme le participe.

DICTÉE A TRADUIRE.

« J'ai *rencontré* (1) ces dames sur les boulevarts, je *les* ai *saluées* (2). Je leur ai *lu* (1) la comédie *que* mon cousin m'a *prêtée* (2). Je leur ai *offert* (1) mon bras, je *les* ai *conduites* (2) chez elles. »

AUTRE DICTÉE A TRADUIRE.

« Je me suis *attiré* (1) quelques reproches, *que* j'avais bien *mérités* (2). Je *me* suis *fatigué* (2) dans mes courses, et je me suis *procuré* (1) une voiture. Je *me* suis *reposé* (2), je *me* suis *couché* (2), et je *me* suis *endormi* (2). »

Nota. On doit sentir mieux que jamais la nécessité de faire mettre les deux premières personnes au genre de l'élève qui conjugue. Il est tout naturel que, dans les verbes réfléchis directs, une femme dise : Je *me* suis *fatiguée*, je *me* suis *reposée*, je *me* suis *couchée*, je *me* suis *endormie*.

Si l'on a bien suivi la marche indiquée, on conviendra que les élèves arrivés au point où nous sommes, sont habitués à accorder l'adjectif avec son substantif en genre et en nombre, et le verbe avec son sujet en nombre et en personne. Si l'on fait attention que nous voici à la pratique du participe-verbe variable ou invariable, et cela sans autre effort d'imagination que d'interroger le

(1) Tous les participes sous ce numéro sont invariables, aucun n'ayant de régime direct exprimé avant lui.
(2) Tous les participes sous ce numéro sont variables, chacun ayant son régime direct exprimé avant lui.

verbe par la question *quoi?* on conviendra que la méthode des faits est mille fois préférable à la marche théorique.

~~~~~~

CHAPITRE II.

DES RACINES DU VERBE.

Tous les verbes ont trois racines, ou radicaux, qui servent à former leurs temps simples et composés. Ces radicaux sont l'infinitif, le modificatif en *ant,* et le participe.

1° Avec l'infinitif, on forme le futur et le conditionnel, *je* MARCHER *ai, je* FINIR *ai, je* POURVOIR *ai, je* CONNAÎTR *ai.* (On change l'*e* muet en *ai* pour la quatrième conjugaison.)

2° Avec le modificatif en *ant* dont on retranche la finale, on forme :

1° Les trois personnes du pluriel du présent de l'indicatif,

MARCH *ons* , MARCH *ez* , MARCH *ent* ;

FINISS *ons* , FINISS *ez* , FINISS *ent* ;

POURVOY *ons* , POURVOY *ez* , POURVOI *ent* ; (1)

CONNAISS *ons*, CONNAISS *ez* , CONNAISS *ent* ;

2° L'imparfait de l'indicatif,

MARCH *ais*, FINISS *ais*, POURVOY *ais*, CONNAISS *ais*, etc.

3° Le présent du subjonctif,

Que *je* MARCH *e*, — *je* FINISS *e*, — *je* POURVOY *e* (1), — *je* CONNAISS *e* , etc.

3° Avec le participe, on forme tous les temps composés,

J'ai MARCHÉ, j'ai FINI, j'ai POURVU, j'ai CONNU , etc.

4° Avec le passé défini, on forme l'imparfait du subjonctif (*page* 24 , n° 4).

Nota. Cet exercice doit être fait sur le grand tableau.

---

(1) Nous avons vu, page 17, n° 9, le changement de l'y en *i* simple. Quelques grammairiens opèrent ce changement sans exception devant l'*e* muet quand d'autres, par raison de prononciation, conservent l'y au subjonctif. Je suis de ce dernier avis.

Nous avons quelques verbes qui s'écartent de ces quatre règles ; on les appèle *irréguliers*. Ceux qui n'ont pas tous leurs temps , comme *absoudre* , *frire* , *bruire* , etc. , sont des verbes défectueux. Nous avons conjugué, en partie , les plus usités , et d'un autre côté notre mode de conjugaison applanit bien des difficultés. Le classement que nous avons fait des verbes en *ir* en raison des inflexions en *is* , en *ins* et en *us* , du passé défini , fait rentrer dans la règle un grand nombre de verbes, dits irréguliers dans les grammaires de l'école. Ouvrez-les toutes , et vous verrez que *courir,* le plus régulier de tous les verbes en *ir* , puisqu'il n'a qu'un seul radical , *cour,* est jeté au baquet des irrégularités. Nos élèves s'en doutent-ils ? Non. Ils ont promené ce radical sur le tableau , et ils n'ont rencontré aucun obstacle. Ce radical ayant une *r*, leur a donné deux *rr* au futur, et ils l'eussent trouvé irrégulier s'il leur eût fallu en supprimer une. D'où vièvent ces irrégularités dont fourmillent nos grammaires ? De ce qu'on prend pour paradigme de chaque conjugaison les verbes, *aimer, finir, recevoir* et *rendre,* et que tout verbe qui n'est pas taillé sur chacun de ces faux patrons, est condamné sans appel. Ainsi , parce qu'on ne dit pas *sentissant, venissant, courrissant,* comme on a dit *finissant,* voici les verbes *sentir, venir* et *courir,* ainsi que tous ceux qui se conjuguent comme eux, déclarés irréguliers. Voilà *prendre,* et ses nombreux composés, condamnés à l'irrégularité , et cela parce qu'on ne dit pas *prendant,* comme on a dit *rendant.* Par conséquent , *lire* , *écrire* , *connaître, paraître* , et beaucoup d'autres , vont augmenter le nombre déjà trop grand des verbes irréguliers. Qu'on donne à nos élèves les trois racines d'un verbe , et ils ne se douteront d'aucune de ces prétendues irrégularités. Est-ce qu'avec *sentir* ils ne forment pas leur futur et leur conditionnel comme avec *finir* ? SENT *ant* ne leur donnera-t-il pas les trois personnes du pluriel, l'imparfait de l'indicatif, et le présent du subjonctif, tout aussi bien que FINISS *ant* ? Est-ce que le participe *senti* ne leur donnera pas tous les temps composés comme le participe *fini* ? L'imparfait du subjonctif, l'impératif, se forment-ils différemment pour chaque verbe ? Ne fesons donc pas d'irrégularités à si bon marché. Pensons qu'une irrégularité est cent fois pire que la règle : celle-ci tend à la classification des idées, l'autre ne présente que des points isolés qui échappent à l'esprit.

TROISIÈME PARTIE.

EXERCICES SUR LA DICTÉE, EMPLOI DU PARTICIPE.

CHAPITRE PREMIER.

PHRASES FACILES DICTÉES PAR LE MAÎTRE.

Première personne du masculin singulier. (1)

« Je suis tranquille à ma place, je range mes livres. Je suis docile à la leçon de musique, je chante la gamme. Je suis attentif à ce que mon maître me dit, et je suis actif à l'ouvrage. »

Nota. — Quand la dictée est faite, et corrigée par le maître, les élèves doivent traduire cette même phrase aux autres personnes, comme il suit :

Deuxième personne du masculin singulier.

« Tu es tranquille à ta place, tu ranges tes livres. Tu es docile à la leçon de musique, tu chantes la gamme. Tu es attentif à ce que ton maître te dit, et tu es actif à l'ouvrage. »

Troisième personne du féminin singulier.

« Julie est tranquille à sa place, elle range ses livres. Elle est docile à la leçon de musique, elle chante la gamme. Elle est attentive à ce que son maître lui dit, et elle est active à l'ouvrage. »

---

(1) Les demoiselles mettront les deux premières personnes au féminin, et la troisième au masculin, en employant un nom d'homme.

Première personne du masculin pluriel.

« Nous sommes tranquilles à notre place, nous rangeons nos livres. Nous sommes dociles à la leçon de musique, nous chantons la gamme. Nous sommes attentifs à ce que notre maître nous dit, et nous sommes actifs à l'ouvrage. »

Deuxième personne du masculin pluriel.

« Vous êtes tranquilles à votre place, vous rangez vos livres. Vous êtes dociles à la leçon de musique, vous chantez la gamme. Vous êtes attentifs à ce que votre maître vous dit, et vous êtes actifs à l'ouvrage. »

Troisième personne du féminin pluriel.

« Julie et Agathe sont tranquilles à leur place, elles rangent leurs livres. Elles sont dociles à la leçon de musique, elles chantent la gamme. Elles sont attentives à ce que leur maître leur dit, et elles sont actives à l'ouvrage. »

N° 1. RÈGLE. — Quand le mot *leur* signifie à *eux* ou à *elles*, il est pronom personnel, et ne prend jamais d's. Il est facile à reconnaître par la place qu'il occupe, soit devant le verbe, soit après, et, dans ce dernier cas, il y est joint par un trait d'union. EXEMPLE : « J'ai vu vos amis, je *leur* ai parlé de vous, portez-*leur* votre demande. » C'est-à-dire, j'ai parlé à *eux*, portez à *eux* votre demande.

N° 2. RÈGLE. — Quand le mot *leur* signifie *appartenant à eux*, ou *à elles*, il est article possessif, et prend une s au pluriel. Il est facile à reconnaître par la place qu'il occupe, soit devant le substantif, soit après l'un des pronoms *le, la, les*. EXEMPLE : « Voici *leur* cheval » (s'il n'y en a qu'un), ou « voici *leurs* chevaux » (s'il y en a plusieurs). « Voici le *leur* » (s'il n'y en a qu'un), ou « voici les *leurs* » (s'il y en plusieurs). En parlant d'une seule voiture, on dira : « Voici la *leur*. »

En parlant de plusieurs, on dira : « Voici les *leurs.* »

Nota. — L'exemple que nous venons de donner suffira sans doute pour faire saisir la marche à suivre, sans qu'il soit nécessaire de répéter chaque phrase sur les trois personnes : nous ne donnerons donc que la première.

§. II. — *Dictée à traduire sur les trois personnes.*

« J'étais enrhumé, et j'étais retenu chez moi, où je m'ennuyais à périr. Mes sœurs sont venues me voir, et j'en ai été enchanté. Maintenant je suis rétabli, je suis gai, je suis bien portant ; me voilà disposé à partir pour la campagne où je suis attendu dimanche ou jeudi. »

Nº 3. RÈGLE. — Quand le mot *où* signifie *en quel lieu,* il est pronom, et prend un accent grave. Quand il signifie *ou bien,* il est conjonction, et n'en prend pas. EXEMPLE : « J'irai à Versailles *où* je vous attendrai. » C'est-à-dire dans lequel *lieu,* ou dans lequel *Versailles* je vous attendrai. — Si nous disions, par exemple : « J'irai à Versailles *ou* à Marly, » il ne faudrait point mettre d'accent sur le mot *ou.* Cela veut dire : « J'irai à Versailles *ou bien* à Marly. »

§. III. — *Dictée à traduire.* (1)

« Je ne serai *absent* qu'une demi-heure ou trois quarts d'heure au plus, car je suis *impatient* de revenir. Sitôt que je serai *rentré,* je prierai ma sœur de repasser mes additions, car je crains d'y avoir commis quelques erreurs. En sortant, j'ai eu le bonheur de rencontrer le conducteur qui m'a remis un bon sur le receveur. Il était onze heures et demie ou minuit et demi quand je suis *sorti* du spectacle. Qu'on juge de ma surprise quand j'ai vu toutes les boutiques fermées. Etais-je *inquiet!* je n'ai pas mis une demi-heure à faire la course. »

(1) Les mots *absent, impatient, rentré, sorti* et *inquiet,* sont adjectifs, et prennent l'accord. Au féminin ajoutez-y un *e* muet, et une *s* au pluriel. — Les participes *commis, eu, remis, vu* et *mis,* sont invariables.

Nº 4. RÈGLE. — Tous les substantifs masculins et féminins en *eur*, sont sans *e* final. On écrit donc : *Odeur, ardeur, sœur, pudeur, rougeur, noirceur, suborneur, conducteur, tailleur*, etc., etc., sans *e* final.

EXCEPTION. Deux substantifs féminins prènent un *e* muet, ce sont *heure* et *demeure*. Il y en a trois au masculin, et ils s'écrivent par deux *rr*, ce sont : *beurre, leurre* (appât trompeur) et *feurre* (paille pour les chaises).

Les adjectifs prènent l'*e* au féminin : *Meilleur, e ; supérieur, e* ; etc.

Nº 5. RÈGLE. — Le mot *demi* est invariable devant un substantif, et s'y attache par un trait d'union. Un *demi-pied*, une *demi-aune*, deux *demi-brasses*. Il devient variable après le substantif : Une heure et *demie*, deux brasses et *demie* ; un pied et *demi*, deux pieds et *demi*.

Nº 6. RÈGLE. — Dans les phrases interrogatives ou exclamatives, on transpose le sujet après le verbe, et on l'y attache par un trait d'union. EXEMPLE : Etais-*je* inquiet ? Etais-*tu* inquiet ? Etait-*elle* inquiète ? Etions-*nous* inquiets ? Etiez-*vous* inquiets ? Etaient-*elles* inquiètes ? (1)

§. IV. — *Dictée à traduire.*

« J'ai cru voir deux-cents ou deux-cent-vingt personnes, et je ne pense pas, comme le dit mon frère, qu'il n'y en eût que quatre-vingts, ou quatre-vingt-dix. Me serais-je trompé à ce point ? »

(Te serais-tu *trompé* ? se serait-elle *trompée* ? nous serions-nous *trompés* ? vous seriez-vous *trompés* ? se seraient-elles *trompées* ?

Nota. — Quand on emploie le mot *vous* en parlant à

_____

(1) Il sera bon de donner de temps en temps aux élèves des verbes à sujet transposé. C'est ce qu'on appèle le mode interrogatif.

une seule personne, on laisse l'adjectif au singulier. EXEMPLE : « Vous êtes bien *bon* ou *bonne*, selon le genre de la personne. Vous vous êtes *trompé*, Monsieur ; vous vous êtes *trompée*, Madame. »

N° 7. RÈGLE. — Le mot *cent* prend une *s* quand il y a plusieurs *cents*, et que ce mot termine le nombre. On dit : Deux *cents* hommes. Mais quoi-qu'il y ait plusieurs *cent*, s'il ne termine pas le nombre, il ne prend pas d's. On dit : *Deux cent* trois hommes. — Le mot *vingt* prend une *s* dans quatre-*vingts* hommes ; six-*vingts* hommes, les Quinze-*vingts*. Mais quand il ne termine pas le nombre, il n'en prend pas ; ainsi on écrit sans *s* quatre-*vingt*-un, quatre-*vingt*-deux, etc. — Le mot *mille* est invariable.

§. V. — *Dictée à traduire.*

« Je vois ici plusieurs livres parmi lesquels je reconnais le mien (1) ; je le prends et je le serre dans mon pupitre. Je ne suis pas très-sûr du fait dont on m'a parlé, je n'y ai prêté qu'une légère attention ; je prierai ma cousine de m'en donner les détails. Je suis assez adroit au jeu de bague ; j'y jouerai demain avec mes frères. Je ne sais pas mes leçons, et je ne sais laquelle des deux je dois réciter la première : je suis très-embarrassé. »

N° 8. RÈGLE. — Quand les articles possessifs *notre*, *votre*, sont devant le substantif, l'o est bref, et ne prend pas d'accent. EXEMPLE : « *Notre* cheval, *votre* cheval. » — Mais quand ces mêmes articles sont placés après les pronoms *le*, *la*, *les*, l'*ô* est long, et se couronne d'un accent circonflexe. EXEMPLE : « Voici le *nôtre*, la *nôtre*, les *nôtres*, le *vôtre*, la *vôtre*, les *vôtres*. »

_____

(1) On dit : *le mien*, *le tien*, *le sien*, *le nôtre*, *le vôtre*, *le leur*. (Voyez ci-dessus la règle, n° 8.)
Au pluriel, *les miens*, *les tiens*, *les siens*, *les nôtres*, *les vôtres*, *les leurs*. (Page 13, n° 1.)

N° 9. RÈGLE. — L'adverbe d'augmentation *très* se joint toujours par un trait d'union à l'adjectif ou à l'adverbe qu'il modifie. EXEMPLE : « Il est *très*-bon, *très*-grand, *très*-fort, *très*-bien, *très*-mal. »

§. VI. — *Dictée à traduire.*

« Ai-je bien compris la leçon que m'a donnée (1) mon maître ? Je vais la repasser encore quelques minutes. Quelle erreur était la mienne ! je me serais trompé (1) si j'avais continué (2) comme j'ai commencé (2). Me voilà seul, occupé de mon ouvrage ; il faut que je me dépêche, car mes frères ne tarderont pas à venir me (3) joindre. Je me suis promené (1) ce matin, je me suis procuré (2) diverses choses qui me manquaient, et maintenant je suis pourvu de tout ce dont j'ai besoin. »

« As-tu bien *compris* ? A-t-elle bien *compris* ? Avons-nous bien *compris* ? Avez-vous bien *compris* ? Ont-elles bien *compris* ? — Quand le verbe ne porte pas de *t* à la troisième personne du singulier, on en met un euphonique : « A-*t*-il ? A-*t*-elle ? Mange-*t*-il ? Mange-*t*-elle ? Va-*t*-elle ? Viendra-*t*-il ? Viendra-*t*-elle ? »

§. VII. — *Dictée à traduire.*

« *Quelles* sont les personnes que j'ai vues ? *Quels* sont les pays que j'ai parcourus sur la carte ? Je ne m'en suis

---

(1) *Donnée*, participe-verbe variable, son régime direct est *que* pour *leçon*. — *Trompé*, idem, son régime direct est *me* pour moi-même. C'est un verbe réfléchi-direct. — *Promené*, idem, j'ai promené *moi*.

(2) *Continué*, participe-verbe invariable. — *Commencé*, idem. Ce sont deux verbes intransitifs, ou au moins employés intransitivement, puisqu'ils n'ont point de régime. — *Procuré*, idem. C'est un verbe réfléchi indirect. J'ai *procuré* diverses choses *à moi*. Le *me* précédent est un régime indirect.

Seul, au féminin *seule*, est adjectif. On dit : Te voilà *seul*, la voilà *seule*, nous voilà *seuls*, vous voilà *seuls*, les voilà *seules*. — *Occupé*, participe-adjectif, et par conséquent variable : Elle est *seule*, *occupée*; nous *seuls*, *occupés*, etc.

(3) On dit : *Me* joindre, *te* joindre, *la* joindre, au féminin (et *le* joindre, au masculin), *nous* joindre, *vous* joindre, *les* joindre. (*Les* pour le pluriel des deux genres.)

plus souvenu quand on me l'a demandé. *Quel* que je sois, *quèlle* que puisse être mon humeur, et *quels* que puissent être mes goûts, je ne fais de mal à personne, et je n'ai jamais nui à mon prochain. Qu'on me laisse *tel* que je suis. »

Nota. — *Quel* est adjectif, comme *tel;* ils doublent la consonne au féminin comme tous les adjectifs en *el. Quel* homme, *quelle* femme; *tel* homme, *telle* femme. Il en est de même de *mortel*, *essentiel*, *naturel*, etc., etc., excepté *fidèle* qui est de tout genre.

Remarquez que l'adjectif *quel* est quelquefois suivi du conjonctif *que*, comme vous le voyez dans *quel* que je sois; ayez soin de séparer les deux mots. Ecrivez donc, pour les autres phrases, *quel* que tu sois, *quelle* qu'elle soit, *quels* que nous soyons, *quels* que vous soyez, *quelles* qu'elles soient. Au masculin, *quel* qu'il soit, *quels* qu'ils soient.

Vues, participe-verbe variable, son régime direct est *que*, pour les personnes. — *Parcourus*, idem; son régime direct est *pays*. — *Souvenu*, idem; c'est un verbe réfléchi direct. — *Demandé*, a pour régime direct *l'*, mis pour *le*, signifiant *cela;* c'est-à-dire, On a demandé *cela* à moi. Ce participe ne changera pas dans la traduction, attendu qu'il aura partout le même régime. On dira : Quand on te *l'*a demandé; quand on *le* lui a demandé; quand on nous *l'*a demandé; quand on vous *l'*a demandé; quand on *le* leur a demandé.

CHAPITRE II.

EMPLOI DU PARTICIPE-VERBE.

Nota. — Quand le participe exprime l'action, il est invariable, à moins qu'il n'ait un régime direct exprimé avant lui. (*Page* 37, n° 7.)

§. I. — *Dictée à traduire.*

« Je *me* suis promené dans mon jardin, je *me* suis fatigué, et je *me* suis reposé sur un banc, où je *me* suis endormi; je *me* suis relevé, je *me* suis rendu à la maison,

où je *me* suis approché du feu, car je *me* suis senti mal à
mon aise, et je *me* suis chauffé. »

Nota. — Tous ces participes sont variables, les verbes
sont réfléchis directs. (*Page* 38, §. I.)

§. II. — *Dictée à traduire.*

« Je me suis procuré (1) des *plumes ;* je me *les* suis
procurées (2) chez mon marchand. Je me suis acheté (3)
une *montre, que* j'ai portée (4) pendant quelque temps,
mais elle *s'est* arrêtée (5), et je *l'*ai rendue (6) à mon hor-
loger, qui m'en a donné (7) *une autre,* et qui a vendu (8)
la mienne après *l'*avoir arrangée (9). Je suis très-content
de la nouvelle montre *que* je me suis procurée (10), elle
est excellente, et elle ne *s'*est pas dérangée (11) depuis
que je *l'*ai achetée (12). »

§. III. — *Dictée à traduire.*

Nota. — Les régimes directs seront écrits en *italiques,*
pour indiquer le motif de variabilité, et éviter de répéter
les mêmes explications à chaque participe.

« Je *me* suis miré dans ma glace, et je *me* suis trouvé
changé depuis la dernière maladie *que* j'ai éprouvée. Je
me suis remis à l'usage de la tisane *que* mon médecin
m'avait prescrite, et je *me* suis aperçu que ma santé re-
venait de plus en plus. Quand je *me* suis vu bien portant,
je *me* suis décidé à partir pour Orléans, où depuis long-
temps on *m'*avait invité à me rendre. Je *me* suis bien

---

(1) *Procuré,* quoi? des *plumes.* — Invariable.
(2) *Procurées,* variable, à cause de son régime direct *les,* pour
les *plumes,* qui le précède.
(3) *Acheté....* quoi? une *montre,* invariable.
(4) *Portée,* variable, à cause de *que,* pour laquelle *montre.*
(5) *Arrêtée,* variable, à cause de *se* (pour elle-même) qui précède.
(6) *Rendue,* variable, à cause de *l'* pour *la* montre, qui précède.
(7) *Donné....* quoi? *une autre,* invariable.
(8) *Vendu,* invariable, son régime direct est *la mienne.*
(9) *Arrangée,* variable, à cause de son régime direct *l'* pour *la*
montre.
(10) *Procurée,* variable, à cause de *que,* pour la montre.
(11) *Dérangée,* variable, à cause de *s'* pour *se,* ou *elle,* montre.
(12) *Achetée,* variable, à cause de *l'* pour *la* montre.

amusé dans cette ville, je *m'*y suis bien diverti, et je *me* suis applaudi de la résolution *que* j'avais prise. »

§. IV. — *Dictée à traduire.*

« Je *me* serais trompé si j'avais suivi (1) la *route que* cet homme m'a indiquée, et je *me* serais perdu. Je *me* suis servi de la recette *que* mes amis m'ont donnée, et je *m'en* suis bien trouvé. J'ai beaucoup ri (1) de l'histoire *qu'*on m'a contée. J'ai marché (1), j'ai travaillé (1) toute la journée, je *me* suis lassé. J'ai dansé (1) l'autre jour au bal, je *me* suis enrhumé; j'ai beaucoup toussé (1), j'ai beaucoup éternué (1), et j'étais bien contrarié; mais depuis que j'ai expectoré (1) je me trouve bien soulagé. »

§. V. — *Dictée à traduire.*

« Mon oncle a une maison à Versailles, et mon frère en a une à Saint-Denis; je suis engagé à dîner chez l'un d'eux, et je les aime bien tous deux. Je suis pénétré de reconnaissance pour toutes les marques d'amitié *qu'*ils m'ont données. Mon cousin est arrivé d'hier, il a remis à ma sœur les étoffes *qu'*elle lui avait demandées. Je suis très-ami et très-lié avec lui.

N° 1. RÈGLE. — « On met un accent grave sur l'*à*, quand il est préposition; dans ce cas, il indique un point de tendance; mais on n'en met jamais sur l'*a* quand c'est la troisième personne du verbe *avoir*. Dans cet exemple : « Il *a* une maison *à* Versailles », le premier *a* est verbe, il ne faut point d'accent; mais le second est préposition, il faut y en mettre un. »

§. VI. — *Dictée à traduire.* (2)

« Je me suis attiré des reproches. Je me suis acheté une montre. Je me suis donné des airs. Je me suis fait

---

(1) Tous les participes qui sont sous ce numéro sont invariables; les verbes sont intransitifs, et n'ont point de régime direct, rien ne peut donc en faire varier le participe. — Les autres sont variables.

(2) Aucun participe n'est variable, ce sont tous verbes réfléchis-indirects. (*Page* 39, §. II.)

mal. Je me suis cogné la tête. Je me suis bâti une maison.
Je me suis taillé une robe. Je me suis construit une cabane.
Je me suis coupé les cheveux. Je me suis parlé. Je me
suis rendu compte. Je me suis plu à la campagne. Je me
suis ri de cela. Je me suis préparé un logement. »

EXERCICES SUR LE PARTICIPE, SUR LE MODIFICATIF EN *ant*, COMPARÉ
AVEC QUELQUES ADJECTIFS EN *e*, *n*, *t*, ET SUR CE, CET, ETC.

§. VII. — *Dictée à traduire.* (1)

« Je suis *président* de la société, mais je *me* suis *ab-
senté* pendant trois mois, voilà pourquoi l'on a vu plusieurs membres *présidant* à ma place : ces messieurs ne
sont pas *présidents* titulaires. »

Nota. — *Président* est adjectif, il exprime la qualité ;
il fait au féminin *présidente*. — *Présidant* signifie fesant
l'action de *présider* : c'est un modificatif d'action ; il est
invariable. On a vu plusieurs membres *présidant*, ou
présider, ou qui *présidaient* à ma place.

§. VIII. — *Dictée à traduire.*

« Il est vrai que plusieurs personnes *m*'ont *vu fabri-
quant* des étoffes ; mais je ne suis plus *fabricant*, je *me*
suis *retiré* du commerce. CES femmes sont des *intri-
gantes*, je le sais bien, j'en suis persuadé ; je *les* ai *vues
intrigant* auprès du ministre pour nuire à mon frère. »

N° 2. RÈGLE. — CE est article démonstratif,
et s'emploie au masculin singulier devant une consonne ou une *h* aspirée : « *Ce* cheval, *ce* bâtiment,
ce hameau, *ce* bel arbre, *ce* bel oiseau ; » mais devant une voyelle, ou une *h* muette, on met *cet* :
« *Cet* arbre, *cet* oiseau, *cet* habit, *cet* homme. »
Au féminin, il fait *cette* : « *Cette* dame, *cette* arme,

(1) Dans cette dictée, faites attention au changement d'orthographe entre *président*, modificatif d'état, exprimant la qualité, et
présidant, modificatif d'action, exprimant l'action de *présider*. Le
premier prend l'accord, le second reste invariable. Faites attention
aux trois dictées suivantes où l'orthographe change de l'un à l'autre
mot en raison de la signification.

cette habitude. » On emploie *ces* pour le pluriel des deux genres : « *Ces* messieurs, *ces* dames, *ces* arbres. *Ces* beaux chevaux que vous voyez là, sont à l'ambassadeur. »

N° 3. RÈGLE. — Sᴇ est le pronom de la troisième personne, et signifie *soi-même*, ou *à soi-même*, selon le cas. Il est invariable. Premier cas : « Ce monsieur *se* promène, cette dame *se* promène; ces messieurs *se* promènent.» Il est ici régime direct.

Second cas : « Ce monsieur *se* fera mal, cette dame *se* fera mal; ces messieurs *se* feront mal, ces dames *se* feront mal. » C'est-à-dire, feront mal *à soi*. Il est ici régime indirect.

Il ne faut pas confondre *ce*, article démonstratif, avec *se*, pronom personnel. Le premier s'écrit avec un *c*, et varie; le second s'écrit avec une *s*, et reste invariable.

§. IX. — *Dictée à traduire.*

« Mes parents *résidant* en Bourgogne, ne pourront être avertis à temps. J'ai deux cousins *résidents* de la cour {de France, l'un à Alep, et l'autre en Amérique. Leur écrirai-je? Je ne sais trop. Il y a long-temps que je *les* ai *vus*. »

Nota. — Tournez toujours le modificatif d'action par le verbe qu'il remplace. *Résidant* signifie ici, attendu qu'ils *résident*, parce qu'ils *résident*; car voici la pensée : Mes parents ne pourront être avertis à temps, parce qu'ils résident en Bourgogne.

§. X. — *Dictée à traduire.*

« Mes sœurs *excellant* sur le piano, ont dû remporter le prix. J'en suis vraiment enchanté. J'ai reçu des leçons d'*excellents* maîtres, mais j'ai moins de facilité, et je ne suis pas aussi fort qu'elles. »

Nota. — Même remarque que ci-dessus : *vu que, attendu que* mes sœurs excellent sur le piano; c'est l'açtion d'*exceller*. Dans le mot *excellents*, voyons la qualité : ces maîtres sont excellents. Voilà ce qu'ils sont ; c'est leur état, et non leur action que nous voulons peindre.

§. XI. — *Dictée à traduire.*

« Quelles *étoffes* ai-je donc achetées (1), quels *marchands* ai-je donc vus (1), quelle *personne* ai-je consultée (1), quel *plaisir* me suis-je procuré (1) ! Tel on *m'*a vu (1), tel on me verra toujours. J'ai reconnu (2) aux Tuileries quelques personnes de ma connaissance. Quelque grande et quelque fatigante qu'ait été ma promenade, je ne *m'*en suis pas trouvé (1) plus mal. Quelque bons que soient ces fruits, je n'en prendrai pas, je ne mange (3) jamais de crudité. Je *me* suis assuré (1) d'une chose, c'est que ma santé se fortifie quand je change (3) de régime selon l'ordonnance de mon médecin. Quel que soit mon caractère, quelle que soit mon humeur, quels que soient mes défauts, quelles que soient mes qualités, qu'on me laisse tel que je suis. Quelques bons médecins sont venus voir ma sœur, mais je doute fort, quelque bons qu'ils soient, qu'ils me procurent la satisfaction de la guérir radicalement : ils me le font cependant espérer. »

Nota. — On dit : *As-tu, a-t-elle* ou *a-t-il ; avons-nous, avez-vous, ont-elles* ou *ont-ils.* — *T'es-tu, s'est-il* ou *s'est-elle, nous sommes-nous, vous êtes-vous, se sont-ils* ou *se sont-elles.*

N° 4. RÈGLE. — *Quel, quelle,* est adjectif, et s'accorde avec son substantif en genre et en nombre. EXEMPLE : « *Quel* homme ! *quelle* femme ! *quels* hommes ! *quelles* femmes ! » — Souvent cet adjectif est suivi de la conjonction *que.* — EXEMPLE : *Quel* que soit cet homme, *quelle* que soit cette femme. *Quel* que puisse être cet homme,

(1) Tous les participes de ce numéro sont variables, leurs régimes précèdent, et sont marqués en *italiques.*

(2) Ce participe est invariable, son régime direct est *personnes.*

(3) *Voyez* les verbes en *ger*, page 19, n° 12.

5

quelle que puisse être cette femme. *Quels* que soient ces hommes, *quelles* que soient ces femmes.

N° 5. RÈGLE. — *Quelque*, d'un seul mot, est article, et signifie à peu près *certain*, ou *quelconque*. Il sert à déterminer *un* ou *plusieurs* pris dans un plus grand nombre. EXEMPLE : « J'ai vu *quelques* personnes ; j'ai cueilli *quelques* beaux fruits. J'ai rencontré *quelqu'*un ; j'ai consulté *quelques* bons avocats. »

N° 6. RÈGLE. — Le mot *quelque* s'emploie aussi comme adverbe d'augmentation pour donner plus de force à l'adjectif qu'il modifie ; alors il peut se tourner par l'un des adverbes *tant, tellement, si,* et reste invariable. EXEMPLE : « *Quelque* bons que soient ces fruits, n'en mangez pas ; *quelque* beaux que soient ses discours n'y croyez point. »

§. XII. — *Dictée.*

EMPLOI DU PRONOM INDÉFINI.

« J'ai demandé (1) à mon père s'il voulait me permettre d'aller au spectacle avec ma tante, qui *m*'y avait engagé (2) ; il ne *l*'a pas voulu (2). J'aurais bien désiré (1) terminer ma tâche avant midi ; mais, quelques peines que je me sois données (2), je ne *l*'ai pas pu (2). *Qu*'avais-je demandé (2) à ma bonne ? je ne m'en souviens plus. J'aurais bien voulu (1) qu'on *m*'eût invité (2) à réciter les vers *que* mon frère a composés (2) pour maman ; c'était à ma cousine à me le dire, mais elle ne *l*'a pas osé (2). *Qu*'ai-je donc fait (2) pour qu'on *m*'ait grondé (2) ? Certes, je ne *l*'avais pas mérité (2). Ma tante est la seule qui *m*'ait ex-

(1) Tous les participes de ce numéro sont invariables, aucun régime direct ne précède.

(2) Tous les participes de ce numéro sont variables, chaque régime direct précède, et est indiqué en *italiques*. Quand le verbe a pour régime direct le pronom indéfini *le,* pour *cela* dont on a parlé, le participe est au masculin singulier selon la règle. Le *que* interrogatif signifie *quoi ? quel objet ?* Le participe est au masculin singulier par la même raison.

cusé (2) et qui *m*'ait jugé (2) innocent. Il m'est venu du monde. Il pleuvait à midi, mais il fesait beau à quatre heures, quand je suis sorti. »

N° 7. RÈGLE. — Le pronom indéfini est celui qui ne tient lieu d'aucun substantif précédemment exprimé, ou qui représente tout un membre de phrase.

Premier cas : « *Il* pleut, *il* fait beau, *il* tonne, *il* est convenu, *il* est décidé, *il* est arrêté que... » Le pronom *il* est indéfini, puisqu'il ne représente aucun substantif précédemment exprimé. Dans cet autre exemple : « *Que* demandez-vous ? » Le pronom *que* est indéfini, puisqu'on ne peut savoir quel est le substantif qu'il représente.

Second cas. EXEMPLE : « Je voulais aller à la campagne, mon père ne *l*'a pas voulu. » Le pronom *le*, représenté par *l*', est indéfini, parce qu'il représente tout un membre de phrase. C'est comme s'il y avait : « Il n'a pas voulu *le* ou *cela*, » c'est-à-dire : « que j'allasse à la campagne. »

N° 8. RÈGLE. — Tout participe-verbe qui a pour régime direct un pronom indéfini exprimé avant lui, reste au masculin singulier. EXEMPLE : « *Qu*'ont-elles demandé ? — *Qu*'avez-vous désiré ? » En voici la raison, c'est que ce pronom n'exprime qu'un objet vague et indéterminé, qui ne peut s'entendre que par *quoi ?* quel *objet ?* quel *être ?* Chaque participe-verbe *demandé* et *désiré*, est donc au masculin singulier, à cause de son régime direct *que*, qui le précède.

N° 9. RÈGLE. — Tout participe-adjectif qui modifie un pronom indéfini, reste au masculin singulier. EXEMPLE : « *Il* nous est *survenu* vingt personnes. *Il* lui est *arrivé* des marchandises. » — Chaque participe-adjectif *survenu* et *arrivé*, est au masculin singulier, pour s'accorder en genre et en nombre avec *il*, auquel il se rapporte.

§. XIII. — *Dictée à traduire.*

« Je suis *monté* au grenier, je suis *descendu* à la cave. Je suis *venu* ici un instant, mais j'en suis *sorti* l'instant d'après ; je suis *accouru* à la voix de ma sœur, je suis *entré* chez elle, j'y suis *resté* une heure, et j'en suis *ressorti* après. Je suis *arrivé* de la campagne où j'étais *allé* prendre l'air ; j'en suis *reparti* ce matin. »

Tous ces participes sont adjectifs. (*Page 42*, n° 4.)

§. XIV. — *Dictée à traduire.*

« Je ne suis plus le même, je m'en aperçois ; je m'enrhume sitôt que je marche tête nue ou pieds nus. Autrefois je marchais nu-pieds ou nu-tête, quelquefois même la tête et les pieds nus, cela m'était égal. C'est cette personne même que j'ai vue chez mon cousin ; mais elle avait fait toilette, et ce n'était plus la même personne. Je ne l'aurais jamais reconnue si l'on ne m'eût prévenu. »

N° 10. RÈGLE. — L'adjectif *nu*, placé devant le substantif, s'y joint par un trait d'union, et forme un adverbe. Il devient invariable : « *Nu-pieds, nu-téte.* » Quand on le place après le substantif, il en prend l'accord : « Tête *nue*, pieds *nus*. »

N° 11. RÈGLE. — Quand un adjectif se rapporte à plusieurs substantifs des deux genres, il se met au masculin pluriel. On dit : « Mon frère et ma sœur sont *grands* (1). Avoir la tête et les pieds *nus* (2). »

N° 12. RÈGLE. — Le mot *même* est adjectif quand il exprime l'identité absolue ou relative. Dans le premier cas, il signifie que c'est bien l'être dont on parle, et non tout autre : « C'est cette personne *même*, ce sont ces personnes *mêmes* ; moi-*méme*, toi-*même*, lui-*méme*, elle-*même*, nous-

_____

1) C'est-à-dire, sont deux êtres *grands*.
(2) C'est-à-dire, des objets *nus*, qui sont la tête et les pieds.

mêmes, vous-*mêmes*, eux-*mêmes*, elles-*mêmes*. »
Dans le second cas, il s'emploie quand on a déjà
parlé de l'être dont il est question, et signifie que
c'est encore lui : « C'est la *même* personne, ce sont
les *mêmes* personnes ; c'est le *même* habit ; ce sont
les *mêmes* vêtements ; il a les *mêmes* manières que
son frère, les *mêmes* habitudes de jeunesse ; je suis
le *même* qu'autrefois, nous sommes les *mêmes*,
nous n'avons pas changé ; elle est restée la *même*,
elles sont encore les *mêmes*. »

Nº 13. RÈGLE. — Le mot *même* employé dans
le sens de *bien plus*, *en outre*, est adverbe, et ne
varie pas : « J'entends vos amis, *même* je les vois.
J'ai rencontré votre famille, *même* vos cousines,
ou vos cousines *même*. Cette viande est corrom-
pue, les chiens *même* n'en veulent pas, ou, n'en
veulent *même* pas. »

§. XV. — *Dictée à traduire.*

« En y mettant un peu de célérité, j'ai fini ma dictée
de bonne heure, et j'ai eu le bonheur de n'y avoir fait que
deux fautes.

Nº 14. RÈGLE. — Les substantifs féminins en
té, comme *célérité*, *vérité*, la *cité*, etc., n'ont
qu'un *é*. Mais ceux qui expriment un contenu,
comme une *hottée*, une *brouettée*, une *charretée*,
ou qui sont formés sur le participe d'un verbe en
er, comme une *dictée*, une *portée*, prènent l'e
muet.

(Nᵒ 1.) TABLEAU SYNOPTIQUE,
CONJUGAISON DES VERBES D'ÉTAT.

MODE INFINITIF.

Être AIMABLE, *étant* AIMABLE, *avoir* ou *ayant été* AIMABLE.

PARTICIPE, ÉTÉ (*invariable*).

MODE INDICATIF.

TEMPS PRÉSENT.			TEMPS PASSÉ DÉFINI.		
Je	sui	s *aimable.*	Je	fu	s *aimable.*
Tu	e	s *aimable.*	Tu	fu	s *aimable.*
Elle	es	t *aimable.*	Elle	fu	t *aimable.*
Nous somme	s *aimables.*		Nous	fûme	s *aimables.*
Vous	ête	s *aimables.*	Vous	fûte	s *aimables.*
Elles	son	t *aimables.*	Elles	furen	t *aimables.*

TEMPS PASSÉ IMPARFAIT.

J'	étai	s *aimable.*
Tu	étai	s *aimable.*
Elle	étai	t *aimable.*
Nous	étion	s *aimables.*
Vous	étie	z *aimables.*
Elles	étaien	t *aimables.*

On conjuguera le verbe ÊTRE avec des adjectifs des deux genres, qui commencent par une voyelle ou une *h* douce, et on fera sentir les finales du verbe sur l'adjectif.

Les garçons mettront *elle* à la troisième personne, conformément au tableau ; les demoiselles mettront *il*.

++++++++++++

ADJECTIFS A JOINDRE AU VERBE ÊTRE.

Honnête, affable, agréable, habile, utile, estimable, infaillible, indomptable, inutile, intraitable, insupportable, indocile, insensible, etc.

(N° 2.) TABLEAU SYNOPTIQUE,
CONJUGAISON DES VERBES D'ÉTAT.

MODE INFINITIF.
Être, étant, avoir ou *ayant été*. PARTICIPE *été* (invar.).
MODE INDICATIF.

TEMPS PRÉSENT.		TEMPS PASSÉ ANTÉRIEUR.		
Je	sui *s*	J'	eu *s*	
Tu	e *s*	Tu	eu *s*	
Elle	es *t*	Elle	eu *t*	été
Nous somme *s*		Nous	eûme *s*	
Vous	ête *s*	Vous	eûte *s*	
Elles	son *t*	Elles	euren *t*	

TEMPS PASSÉ IMPARFAIT.		TEMPS PLUS-QUE-PASSÉ.		
J'	étai *s*	J'	avai *s*	
Tu	étai *s*	Tu	avai *s*	
Elle	étai *t*	Elle	avai *t*	été
Nous	étion *s*	Nous	avion *s*	
Vous	étie *z*	Vous	avie *z*	
Elles	étaien *t*	Elles	avaien *t*	

TEMPS PASSÉ DÉFINI.		TEMPS FUTUR.	
Je	fu *s*	Je	serai
Tu	fu *s*	Tu	sera *s*
Elle	fu *t*	Elle	sera
Nous	fûme *s*	Nous	seron *s*
Vous	fûte *s*	Vous	sere *z*
Elles	furen *t*	Elles	seron *t*

TEMPS PASSÉ INDÉFINI.		TEMPS FUTUR ANTÉRIEUR.		
J'	ai	J'	aurai	
Tu	a *s*	Tu	aura *s*	
Elle	a	Elle	aura	
Nous	avon *s*	été	Nous	auron *s*	été
Vous	ave *z*	Vous	aure *z*	
Elles	on *t*	Elles	auron *t*	

ADJECTIFS A JOINDRE AU VERBE ÊTRE.

PREMIÈRE SÉRIE : — *Agréable, équitable, habile, incorruptible, incorrigible, incompréhensible; inhabile, infatigable, immobile.* — SECONDE : *Absent, intelligent, imprudent, impotent, important, indulgent, affligeant, attristant, accommodant, inconséquent.* — TROISIÈME : *Attentif, actif, inactif, craintif, inventif, plaintif, inattentif, exécutif; bref, brève, sauf, sauve.* — QUATRIÈME : *Heureux, se; ambitieux, se; surpis, épris; instruit, inscrit, grand, enrhumé, aperçu, attendri, habillé, averti, affranchi, changeant, encouragé; blanc, blanche; frais, fraîche; pécheur, pécheresse; ambassadeur, ambassadrice; protecteur, protectrice; instructeur, instructrice; inspecteur, inspectrice.*

(No **3**.)

MODE INFINITIF.		TEMPS

MODE INFINITIF.

(*ER*) *Etre*, ét ANT, *avoir*
ou *ayant ét É.*

PARTICIPE, *ét É* (invariable).

MODE INDICATIF.

TEMPS PRÉSENT.

Je	suis	e
Tu	es	es
Elle	est	e
Nous	sommes	ons
Vous	êtes	ez
Elles	sont	ent

TEMPS PASSÉ IMPARFAIT.

J'	ét	ais
Tu	ét	ais
Elle	ét	ait
Nous	ét	ions
Vous	ét	iez
Elles	ét	aient

TEMPS PASSÉ DÉFINI.

Je	fus	ai
Tu	fus	as
Elle	fut	a
Nous	fûmes	âmes
Vous	fûtes	âtes
Elles	furent	èrent

TEMPS PASSÉ INDÉFINI.

J'ai
Tu as
Elle a
Nous avons   } ét É
Vous avez
Elles ont

TEMPS PASSÉ ANTÉRIEUR.

J'eus
Tu eus
Elle eut
Nous eûmes   } ét É
Vous eûtes
Elles eurent

TEMPS

J'avais
Tu avais
Elle avait
Nous avions
Vous aviez
Elles avaient

TEMPS

Je	s	erai
Tu	s	eras
Elle	s	era
Nous	s	erons
Vous	s	erez
Elles	s	eront

TEMPS FUTUR

J'aurai
Tu auras
Elle aura
Nous aurons
Vous aurez
Elles auront

MODE

TEMPS PRÉSENT

Il faut ou il

Que je	sois
Que tu	sois
Qu'elle	soit
Que nous	soyons
Que vous	soyez
Qu'elles	soient

TEMPS PASSÉ

Il fallait ou il

Que je	fusse
Que tu	fusses
Qu'elle	fût
Que nous	fussions
Que vous	fussiez
Qu'elles	fussent

SYNOPTIQUE
CONJUGAISON.

PLUS-QUE-PASSÉ.

} ét É

FUTUR.

ANTÉRIEUR.

} ét É

SUBJONCTIF.
OU FUTUR.

faudra

e
e
e
ions
iez
ent

IMPARFAIT.

faudrait

asse
asses
át
assions
assiez
assent

TEMPS PASSÉ DÉFINI OU INDÉFINI.

Il faut ou *il a bien fallu*

Que j'aye
Que tu aies
Qu'elle ait
Que nous ayons
Que vous ayez
Qu'elles aient
} ét É

TEMPS PLUS-QUÉ-PASSÉ.

Il aurait fallu.

Que j'eusse
Que tu eusses
Qu'elle eût
Que nous eussions
Que vous eussiez
Qu'elles eussent
} ét É

MODE CONDITIONNEL.
TEMPS PRÉSENT OU FUTUR.

Je   s   *erais*
Tu   s   *erais*
Elle   s   *erait*
Nous   s   *erions*
Vous   s   *eriez*
Elles   s   *eraient.*

TEMPS PASSÉ.

J'aurais
Tu aurais
Elle aurait
Nous aurions
Vous auriez
Elles auraient
} ét É

MODE IMPÉRATIF.

Sois   e
Qu'elle soit   e
Soy. . . *ons*
Soy. . . *ez*
Qu'elles soi . . . *ent*

3*

(Nº 4.) TABLEAU SYNOPTIQUE DES
EN *ER, IR,*

MODE INFINITIF.
Etre, ét ANT, *avoir* ou *ayant été.*

PARTICIPE, *été* (invariable).

MODE INDICATIF.
TEMPS PRÉSENT.

Je	sui	s.	e.	*ds.*	x.
Tu	e	s.	es.	*ds.*	x.
Elle	es	t.	e.	*d.*	t.

Nous sommes.   ons.
Vous êt *es.*   ez.
Elles s *ont.*   ent.

TEMPS PASSÉ IMPARFAIT.
J' ét *ais.*
Tu él *ais.*
Elle ét *ait.*
Nous ét *ions.*
Vous ét *iez.*
Elles ét *aient.*

TEMPS PASSÉ DÉFINI.

Je	f *us.*	ai.	*ins.*	is.
Tu	f *us.*	as.	*ins.*	is.
Elle	f *ut.*	a.	*int.*	it.
Nous	f *ûmes.*	âmes.	*înmes.*	îmes.
Vous	f *ûtes.*	âtes.	*întes.*	îtes.
Elles	f *urent.*	èrent.	*inrent.*	irent.

TEMPS PASSÉ INDÉFINI.
J'ai
Tu as
Elle a
Nous avons   } été.
Vous avez
Elles ont

TEMPS PASSÉ ANTÉRIEUR.
J'eus
Tu eus
Elle eut
Nous eûmes   } été.
Vous eûtes
Elles eurent

TEMPS
J'avais
Tu avais
Elle avait
Nous avions
Vous aviez
Elles avaient

TEMPS
Je se *rai.*
Tu se *ras.*
Elle se *ra.*
Nous se *rons.*
Vous se *rez.*
Elles se *ront.*

TEMPS FUTUR
J'aurai
Tu auras
Elle aura
Nous aurons
Vous aurez
Elles auront

MODE
TEMPS PRÉSENT
Il faut ou *il*
Que je   sois.
Que tu   sois.
Qu'elle   soit.
Que nous   soyons.
Que vous   soyez.
Qu'elles   soient.

TEMPS PASSÉ
Il fallait ou *il*
Que je f usse.
Que tu f usses.
Qu'elle f ût.
Que nous f ussions
Que vous f ussiez.
Qu'elles f ussent.

QUATRE CONJUGAISONS,
OIR, RE.

PLUS-QUE-PASSÉ.

} été.

FUTUR.

ANTÉRIEUR.

} été.

SUBJONCTIF.

OU FUTUR.

faudra

e.
es.
e.
ions.
iez.
ent.

IMPARFAIT.

faudrait

asse.	insse.	*isse.*
asses.	insses.	*isses.*
ât.	înt.	*it.*
assions.	ssions.	ssions.
assiez.	ssiez.	ssiez.
assent.	ssent.	ssent.

TEMPS PASSÉ DÉFINI OU INDÉFINI.

Il faut ou *il a bien fallu*

Que j'aye
Que tu aies
*Qu'*elle ait
Que nous ayons
Que vous ayez
*Qu'*elles aient
} été.

TEMPS PLUS-QUE-PASSÉ.

Il aurait fallu

Que j'eusse
Que tu eusses
*Qu'*elle eût
Que nous eussions
Que vous eussiez
*Qu'*elles eussent
} été.

MODE CONDITIONNEL.
TEMPS PRÉSENT OU FUTUR.

Je   se *rais.*
Tu   se *rais.*
Elle se *rait.*
Nous se *rions.*
Vous se *riez.*
Elles se *raient.*

TEMPS PASSÉ.

J'aurais
Tu aurais
Elle aurait
Nous aurions
Vous auriez
Elles auraient
} été.

MODE IMPÉRATIF.

Soi . . . . . . s.   e.   ds.
Qu'elle soit . . e.
Soy . . . . . . ons.
Soy . . . . . . ez.
Qu'elles soi . . ent.

(Nᵒ 5.) TABLEAU DES TEMPS COMPOSÉS
AVEC L'AUXILIAIRE *ÊTRE*.
CONJUGAISON DES VERBES PRONOMINAUX.

MODE INFINITIF.
Se couper à la main
Se coupant
S'être ou *s'étant* coupé

PARTICIPE.
Coupé, coupée *(variable)*

MODE INDICATIF.
(Le présent, l'imparfait et le passé
défini, comme à l'ordinaire, sur le
quatrième tableau)

TEMPS PASSÉ INDÉFINI.
Je me suis coupé
Tu t'es coupé
Elle s'est coupée
Nous nous sommes coupés
Vous vous êtes coupés
Elles se sont coupées.

TEMPS PASSÉ ANTÉRIEUR.
Je me fus coupé (1)
Tu te fus
Elle se fut
Nous nous fûmes
Vous vous fûtes
Elles se furent

TEMPS PLUS-QUE-PASSÉ.
Je m'étais coupé
Tu t'étais
Elle s'était
Nous nous étions
Vous vous étiez
Elles s'étaient
(Le futur comme à l'ordinaire.)

FUTUR ANTÉRIEUR.
Je me serai coupé
Tu te seras
Elle se sera
Nous nous serons
Vous vous serez
Elles se seront

MODE SUBJONCTIF.
(Le présent et l'imparfait comme à
l'ordinaire.)

PASSÉ DÉFINI OU INDÉFINI.
Il faut ou *il a bien fallu*
Que je me sois coupé
Que tu te sois
Qu'elle se soit
Que nous nous soyons
Que vous vous soyez
Qu'elles se soient

TEMPS PLUS-QUE-PASSÉ.
Il aurait fallu
Que je me fusse coupé
Que tu te fusses
Qu'elle se fût
Que nous nous fussions
Que vous vous fussiez
Qu'elles se fussent

MODE CONDITIONNEL.
(Le présent comme à l'ordinaire.)

TEMPS PASSÉ.
Je me serais coupé
Tu te serais
Elle se serait
Nous nous serions
Vous vous seriez
Elles se seraient

MODE IMPÉRATIF.
Coupe-*toi* (1)
Qu'*elle se* coupe
Coupons-*nous*
Coupez-*vous*
Qu'*elles se* coupent

(1) Participe variable à tous les
temps composés, parce que le verbe
est réfléchi-direct.
Conjuguez ensuite *se couper du
pain*, le participe alors restera invariable, parce que le *se* qui précède
veut dire à *soi*, et que le verbe est
réfléchi-indirect. *(Page 38, §. II.)*

(1) Mettez le trait d'union entre le
verbe et le pronom personnel à la seconde personne du singulier, et aux
deux premières personnes du pluriel.
— Tiens-*toi*, retire-*toi*, avance-*toi*.
— Tenons-*nous*, retirons-*nous*, avan-
çons-*nous*. — Tenez-*vous*, retirez-
vous, avancez-*vous*.

DES HOMONYMES *

§. I. — Dictée à traduire.

« Je suis *sain* de corps et d'esprit, j'ai ratifié ma pro-
messe de mon *seing*. Je suis *ceint* de l'écharpe que m'a
donnée mon frère. Ma voisine est morte d'un cancer au
sein. Il n'y a pas *cinq* jours que je suis revenu de *Saint-
Cloud*. »

Nota. — *Sain, saine*, adject., qui est en santé. — *Seing*, subst.
masc., signature. — *Ceint, ceinte*, participe du verbe *ceindre*. —
Sein, s. m., partie du corps humain, poitrine. — *Cinq*, article de
nombre. — *Saint, sainte*, adjectif, ce qui est sanctifié. Il est aussi
substantif : «Un grand *saint*, une grande *sainte*.»

§. II. — Dictée à traduire.

« J'ai *peint* un *pin* et j'ai mangé mon *pain*. J'ai *faim*,
et je ne suis pas encore à la *fin* de mon ouvrage, mais j'ai
feint de l'achever. J'ai vu *cent* choses *sans* y faire attention, je le *sens* bien, on *s'en* rit. Je n'aime pas le *sang*,
je ne paie pas de *cens*. Je voyais des *mots* causer bien des
maux à Paris comme à *Meaux*. Je sais que le *Pô* n'est
ni un *pot*, ni une *peau*, ni la ville de *Pau*. Je distingue
un *cor* de chasse d'un *corps* d'armée. »

Nota. — *Peint*, participe de *peindre*. — *Pin*, s. m., arbre. — *Pain*,
s. m., pâte cuite au four. — *Faim*, s. fém., besoin de manger. —
Fin, s. f., terme d'une chose. — *Feint*, participe du verbe *feindre*.
— *Cent*, article de nombre. — *Sans*, préposition. — *Sens*, verbe
sentir. Les cinq *sens*. — *S'en*, d'abord *se* pour *soi*, pronom personnel,
et *en* pour *de cela*, pronom. — *Sang*, s. m., liqueur rouge qui cir-
cule dans les veines. — *Cens*, s. m., redevance. — *Mot*, s. m., parole prononcée ou écrite. — *Mal*, au pluriel *maux*, s. m., l'opposé
du bien. — *Meaux*, ville de la Brie. — *Pô*, fleuve d'Italie. — *Pot*,
s. m., vase de ménage. — *Peau*, s. f., enveloppe charnue de l'animal. — *Pau*, en Béarn, ville. — *Cor*, s. m., instrument à vent. —
Corps, s. m., tout ce qui est palpable, et par figure, réunion.

§. III. — Dictée à traduire.

« Je me *pare*, je *pars*, qu'on me garde ma *part*, je
reviendrai *par Issy*, et je serai bientôt *ici*. Quand je suis

* *Mots* qui se prononcent et quelquefois s'écrivent de même,
mais qui diffèrent par la signification, comme *bois* à brûler, *bois* un
coup. Le premier est substantif, le second est verbe (*boire*).

parti, j'avais pris mon *parti* et payé la *partie*. Je *perds* chez mon *père*, mais je gagne chez un *pair*, et me voilà au *pair*; mes deux gants font la *paire*. J'ouvris le *nid*, je *n'y* vis *ni* œufs ni petits. Qu'on ne croie pas que je *mente* : j'arrive de *Mantes*, d'où j'apporte de la *menthe* sous ma *mante*. »

Nota. — *Pare*, verbe *parer*. — *Pars*, v. *partir*. — *Part*, subst. fém., portion qui revient à chacun. — *Par*, préposition. — *Issy*, village près Paris. — *Ici*, adverbe démonstratif. — *Parti*, participe du verbe *partir*. —*Parti*, s. m., décision. — *Partie*, sub. fém. —*Perds*, verbe *perdre*. — *Père*, sub. m., premier degré de parenté. — *Pair*, nom de dignité, celui qui est honoré de la pairie. — *Pair*, adjectif, égal; pris substantivement, égalité, parité. — *Paire*, sub. fém., deux choses appareillées. — *Nid*, sub. masc., l'endroit où l'oiseau dépose sa couvée. — *N'y* pour *ne y*; le premier mot est adverbe de doute, le second est pronom. — *Ni*, adverbe de négation. — *Mente*, verbe *mentir*. — *Mantes*, ville de France (Seine-et-Oise). — *Menthe*, sub. fém., herbe odoriférante dont on fait de la liqueur. — *Mante*, sub. fém., espèce de manteau.

§. IV. — Dictée à traduire.

« L'odeur du *thym* que je *tins* fit pâlir mon *teint*. Ma glace est au *tain*. Je *teins* mon satin. En mangeant du *thon*, je me donne du *ton*. Je *tonds* mes moutons et je chasse un *taon*. Je *tends* le bras *tant* qu'il m'est possible pour avoir du *tan*, et je perds mon *temps*. Je *vins* le *vingt*, mais en *vain*, pour goûter les *vins*. Je porte mon *verre* *vers* mon frère, qui est en habit *vert*, et qui fait des *vers*. J'écrase un *ver*. Je crains le *vent*. Je ne *vends* pas de *vans*. M. le *comte* me *conte* un *conte* sur le *compte* d'un homme *soûl* qui est *sous* la porte, et qui ramasse un *sou*. »

Nota. — *Thym*, s. m., arbuste odoriférant. — *Tins*, verbe *tenir*. — *Teint*, s. m., coloris du visage. — *Tain*, s. m., étain d'une glace, d'un miroir. — *Teins*, verbe *teindre*. — *Thon*, s. m., poisson de mer. — *Ton*, s. m., vigueur. (Il est homonyme de *ton* de voix et de l'article possessif, *ton* ami.) — *Tonds*, verbe *tondre*. — *Taon*, s. m., grosse mouche qui pique. — *Tends*, verbe *tendre*. — *Tant*, adv. d'augmentation. — *Tan*, s. m., écorce de chêne pilée, pour l'apprêt des cuirs, etc. — *Temps*, s. m., la durée. — *Vins*, verbe *venir*. — *Vingt*, article numéral. — *Vain*, adjectif, au fém. *vaine*, inutile. *En vain*, inutilement, pour rien. — *Vin*, s. m., liqueur de raisin fermenté. —*Verre*, s. m., substance transparente, gobelet qui en est fait. — *Vers*, préposition. — *Vert*, *verte*, adjectif. — *Vers*, s. m., paroles mesurées, cadencées; poésie. — *Ver*, s. m., insecte rampant. — *Vent*, s. m., air agité. — *Vends*, verbe *vendre*. — *Van*, s. m., claie d'osier pour vanner les grains. — *Comte*, nom de dignité; celui qui a un *comté*. — *Conte*, verbe *conter*, réciter, rapporter. — *Conte*, s. m., historiette. — *Compte*, s. m., calcul, relevé d'articles qui concernent quelqu'un : «Voilà votre *compte*, ce qui vous revient. » — *Saoûl*, *saoûle*, adjectif, rassasié, ivre. — *Sous*, préposition. — *Sou*, s. m., pièce de monnaie.

§. V. — Dictée à traduire.

« Je *plains* les gens serrés dans un lieu trop *plein* : j'aime à circuler de *plain*-pied. En demandant mon *coût*, j'ai reçu un *coup* sur le *cou*. Je mange un *coing* dans un *coin*. Je *crains* le *crincrin* de cet archet de *crin*. »

Nota. — *Plains*, verbe *plaindre*. — *Plein*, *pleine*, adjectif, rempli. — *Plain*, *plaine*, adjectif, plat, uni. — *Coût*, s. m., ce que coûte une chose. Le *coût* d'un acte, son prix, sa taxe légale. — *Coup*, s. m., choc reçu ou donné. Un *coup* de bâton. — *Cou*, s. m., partie du corps qui joint la tête aux épaules. — *Coing*, s. m., fruit du coignassier. — *Coin*, s. m., encognure. — *Crains*, verbe *craindre*. — *Crincrin*, s. m., son aigre et traînant, mauvais violon. — *Crin*, s. m., poil de certains animaux. Du *crin* de cheval.

§. VI. — Dictée à traduire.

« Je tiens ma *dent dans* ma poche, elle ne me sera plus à *dam*. Je viens *d'en* rire avec ma *tante*, qui prend le frais sous ma *tente*, et qui restait dans l'*attente* de me revoir. *Quand* je dis *qu'en* traversant *Caen*, j'ai vu le *camp*, je plaisante ; *quant* à ma sœur, elle a vu Gengis-*Kan*, où l'on faisait du *quanquan*. Je ne suis ni Turc ni *Maure*, je ne crains pas la *mort*. Mon cheval *mord* son *mors*. Je disais une *fois*, en revenant de *Foix*, que j'aimais le *foie*, on me montra le *fouet* ; ma *foi* je me tus, car je n'avais pas *d'avantage* à parler *davantage*. »

Nota. — *Dent*, s. f., partie osseuse de la bouche. — *Dans*, préposition. — *Dam*, s. m., dommage (vieux mot), travailler à son *dam*, à sa perte. — *D'en*, préposition *de* et pronom *en*. Je viens *de* rire, *en* pour *de cela*. — *Tante*, s. f., parente, sœur du père ou de la mère. — *Tente*, s. f., grande toile tendue, pour se mettre à l'abri du soleil ou de la pluie. — *Attente*, s. f., espoir. — *Quand*, adv. de temps, lorsque. — *Qu'en*, conjonction *que* et préposition *en*. — *Caen*, ville de Normandie. — *Camp*, s. m., grande plaine où l'armée campe, réside. — *Quant à*, adverbe et préposition, *pour ce qui regarde*. — *Kan*, nom de dignité, chef ou roi chez les Tartares. — *Quanquan*, s. m., vains bruits, caquets pour rien. — *Maure* ou *More*, s. m., habitant de la Barbarie. — *Mort*, s. f., fin de l'existence. — *Mord*, verbe *mordre*. — *Mors*, s. m., baillon. — *Fois*, s. f., circonstance, cas, nombre : j'ai vu cette pièce deux *fois*. — *Foix*, s. m., pays du midi de la France. — *Foie*, s. m., partie interne du corps de l'animal. Un *foie* de veau, des *foies* d'oies. — *Fouet*, s. m., verge emmanchée, pour conduire les chevaux. — *Foi*, s. f., croyance,

fidélité, conscience. « Je le jure sur ma *foi*. » — *D'avantage*, préposition *de* et substantif *avantage*, ce qui peut résulter en bien de
ce qu'on dit ou de ce qu'on fait. « Je n'ai point *d'avantage* (de gain)
à traiter ainsi. » — *Davantage*, adverbe d'augmentation. « Je n'en ai
pas assez, donnez-m'en *davantage*. » C'est-à-dire, donnez-m'en encore plus.

QUATRIÈME PARTIE.

THÉORIE.

—

§. I. — Notions Grammaticales.

1° **La Grammaire** est la science du langage : il faut
l'étudier pour acquérir l'art de parler et d'écrire correctement. — 2° Une langue est le moyen de communiquer
aux autres ce qu'on pense, soit en se parlant, quand on
est en présence, soit en s'écrivant, quand on est hors de
la portée de la voix. — 3° De là deux langues, ou deux
moyens de communication : la langue parlée et la langue
écrite. — 4° La langue parlée se compose de sons, que
l'on divise en deux classes : les sons inarticulés, ou voix
simples, au nombre de treize, dont voici la valeur : *a*,
é, è, ê, i, o, u, an, in, on, un, ou, eu (1) ; et les voix
articulées, comme *rat, pré, prix, trop, chute, flotte,
blanc, brin, son, loup*, et généralement toutes les émissions de voix qui nécessitent le travail de la langue en les
prononçant. 5° La langue écrite se compose de lettres
dont la collection s'appelle alphabet. Les lettres se divi-
sent en voyelles (*a, e, i, o, u, y*), et en consonnes (*b,
c, d, f, g*, etc.). On appelle les premières *voyelles*, parce
qu'elles sont des signes de voix, et les secondes *consonnes*,
pour exprimer par-là qu'elles n'ont de valeur qu'avec les
voyelles. — 6° Dans la langue écrite, on entend par voyelles

(1) La langue reste dans la position qu'elle a prise, et n'en change
pas pendant tout le temps qu'on prolonge l'émission d'une voix simple. *A* est un son simple ; *a* est un son articulé ; la consonne *b* est
signe du battement de lèvres qu'il faut faire avant de dire *a*. Mettez
le *b* après, vous aurez *ab*, l'articulation n'aura lieu qu'après le *son*.
Dans tous les cas, vous pourrez filer le *son*, mais jamais l'articulation.

composées, la réunion de plusieurs lettres qui ne peignent que des sons simples, comme par exemple : « *au, aux, eaux, haut, ho!* » — 7° Les voyelles peuvent être longues, comme dans : « *pâte, tête, gîte, côte, flûte* », ou brèves, comme dans : « *patte, nette, orbite, botte, butte* ». Avec une double consonne, la voyelle est toujours brève.

§. II. — Remarque sur la voyelle E.

1° L'*E* est muet comme dans : « chevelure, le monde, il chante, elles chantent » ; — 2° fermé ou aigu, comme dans : « vérité, propriété, céder, marcher, partez, sortez, chez, et » ; — 3° demi-ouvert ou grave, comme dans : « enfer, mer, Lucifer, colère, vipère, sème, collet, bonnet, trompette, sonnette » ; — 4° grand-ouvert, comme dans : « accès, procès, apprêt, après, fête, conquête » ; — 5° nazal en *in*, comme dans : « bien, chien, lien, moyen, païen » ; — 6° nazal en *an*, comme dans : « patient, quotient, dent, accident, serment, ingrédient ». *Nota.* On voit que le *t* est signe de prononciation, et qu'il ne faut pas le supprimer au pluriel (1). Il est en outre signe d'analogie : « *dent*, denture, dentelé, dentelle, etc. »

§. III. — Remarques sur les Consonnes C, G, L, S, T.

1° Le *C* est dur devant *a, o, u*. Ex. : « *cap, côte, curieux* ». Pour l'adoucir devant ces voyelles, on l'affecte de la cédille : « forçat, poinçon, reçu ». Il est doux devant *e, i*. Ex. : « *ceci, cela, rince, merci* ». — 2° Le *G* est dur devant *a, o, u*. Ex. : « *gâteau, gobelet, Guliver* ». Pour l'adoucir, on y ajoute un *e* muet. Ex. : « orgeat, bourgeon, gageure ». Il est doux devant *e, i*, Ex. : « gelée, giboulée ». Il est mouillé devant une *n* suivie d'une voyelle. Ex. : « Auvergnat, Charles-Magne, compagnie, mignon, rognures. » — 3° La lettre *L* est sèche dans : « *la, le, lis, lot, luth* » ; elle est mouillée dans : « *bail, soleil, béquille, citrouille*, etc. » Dans ce cas, elle est toujours précédée

(1) L'Académie française a pris une décision pour rétablir le *t* dans le pluriel des mots en *ant* et en *ent*. A quoi servait cette suppression ? à faire commettre des erreurs. Il aurait autant valu supprimer le *d* dans *grand* et le *p* dans *corps*.

d'un *i*. — 4° La consonne *S* est dure devant toutes les voyelles, quand elle est initiale : « *sac, sec, sirop, solide, sucre* »; mais quand elle est médiale, elle est douce entre deux voyelles : « *case, diésé, Lise, rose, ruse* (1) »; soutenue d'une consonne, ou doublée sur elle-même, elle reprend sa dureté : « *casse, blesse, lisse, rosse, Russe, danse, absent.* » Excepté dans *transitif, transition, transiger, transitoire, transit,* où elle est douce. — 5° Le *T* est dur devant toutes les voyelles : « *taffetas, tenailles, tisane, tôt, tuteur* »; il est doux dans : « *partial, partiel, action, portion* » et généralement devant les finales des noms en *ion*. Dans les verbes, il faut consulter le radical. Impa*tien*ter porte deux *t*, le premier est doux, le second est dur; on les retrouve de même dans : « nous impa*tientions.* » Le verbe *initier* porte un *t* doux; on le prononce tel dans tous le cours de la conjugaison : « nous ini*tions*, vous ini*tiez* », et de même à l'imparfait : « nous ini*tiions*, vous ini*tiiez.* » Dans le verbe *porter*, il est dur, et par conséquent se conserve dur dans tout le cours de la conjugaison. Aussi dit-on : « nous leur por*tions* leurs por*tions.* » Dans les noms, il est dur, quand il est précédé d'une *s* ou d'un *x*. Ex. : « ques*tion*, mix*tion*, diges*tion.* »

§. IV. — Des Syllabes.

La syllabe est une émission de voix. Un mot qui ne nécessite qu'une émission de voix s'appèle *monosyllabe*. Ex. : « *Paul va chez vous.* » Tout mot qui nécessite plusieurs émissions de voix s'appèle *polysyllabe*, comme : « *ver-tu, pen-ser, re-ve-nir, ac-cou-rir, en-ten-dement, si-mul-ta-né-ment, ac-ci-den-tel-le-ment.* »

§. V. — Des Diphtongues.

La diphtongue est une syllabe composée de deux sons que l'euphonie ne permet pas de séparer, comme : « *vois* (2), *bois, crois, lieu, mieux, bien, rien, ciel, nuit.*

---

(1) Excepté dans *préséance, présupposer, monosyllabes, polysyllabes, parasol,* où elle est dure.

(2) Il est évident que dans *vois* il y a deux sons, *vo-è;* il en est de même de *lieu*, qui comprend *li-eu;* mais ils se prononcent si rapidement qu'ils ne comptent que pour une syllabe.

§. VI. — De l'Accentuation.

On entend par accentuation la collection des accents et autres signes employés dans les mots écrits. — I. L'accent aigu (′) ne se met que sur l'*é* fermé (*v. p.* 73). — II. L'accent grave (`) se met : 1° sur l'*è* demi-ouvert (*v. p.* 73); 2° sur *à* préposition (*v. p.* 54, n° 1); 3° sur *là* adverbe de démonstration : « reste-*là* », pour ne pas le confondre avec l'article : « *la* porte, *la* fenêtre », ou avec le pronom : « fermez-*la*, ouvrez-*la* »; 4° sur le mot *où*, pronom (*v. p.* 48, n° 3). — III. L'accent circonflexe (^) se met sur les voyelles longues (*v. p.* 73, n° 7). — IV. L'apostrophe (′) indique l'élision (retranchement) de l'*e* ou de l'*a* final d'un mot devant la voyelle initiale ou l'*h* douce du mot suivant, comme : « *l'*homme, *l'*armoire, pour *le* homme, *la* armoire ». On forme beaucoup d'élisions en parlant, mais on ne les indique pas en écrivant. On n'élide que les monosyllabe suivants : « *je*, *me*, *te*, *se*, *ce*, *de*, *ne*, *que* », et la conjonction *si*, devant le seul mot *il* : « *s'il* vous plaît, pour *si il* vous plaît. » Les dissyllabes (1) *lorsque*, *quoique*, ne s'élident que devant *il*, *elle*, *ils*, *elles*, *on*; *jusque* ne s'élide que devant *à*, *au*, *aux*, *ici*, *alors*. Dans le style soutenu, on écrit *jusques*, et alors plus d'élision : « *Jusques* à quand, Catilina, abuserez-vous de notre patience ? » *Quelque* ne s'élide que dans *quelqu'*un, quelqu'*autre*. L'élision orale est une règle d'euphonie (2) pour éviter la rencontre de deux voyelles qui se heurtent, ce qui s'appèle *hiatus*, comme dans cette phrase : « *Il va à Orléans.* » — V. Le tréma (¨) se place sur une voyelle qu'on veut isoler d'une autre avec laquelle elle ferait syllabe : « *Isaïe*, *aiguë*, *Saül*, *haïr*, *aïeux*. » — VI. La cédile (¸) ne se place que sous le *ç* (*v. p.* 73, §. III). — VII. Le trait d'union (-) s'emploie : 1° à la fin d'une ligne dont le mot n'est pas entier, pour indiquer que la fin de ce mot est reportée au commencement de la ligne suivante : dans ce cas, on coupe le mot entre deux syllabes, et jamais une syllabe en deux; 2° on le place entre le

---

(1) Signifie mot de deux syllabes; *trisyllabes* veut dire composé de trois syllabes.

(2) *Euphonie* veut dire son doux, agréable. Ce qui est euphonique plaît à l'oreille.

verbe et le pronom personnel, quand le sujet est transposé : « *irai-je? viendras-tu? sortira-t-elle* (1)?» 3° à la première et à la seconde personne de l'impératif, entre le verbe et le régime direct ou indirect, quand ce régime est exprimé par un pronom monosyllabe, comme : *le, la, les, y, lui, moi, toi, leur, en*, etc. Ex. · « prenons-*le*, rendons-*la*, mangeons-*en*, goûtez-*y*, retire-*toi*, tenez-*vous*, reportez-*les-leur*. » Quand le verbe n'a point d'*s* à la seconde personne du singulier, on en met une euphonique. Ex. : « goûte-s-*en*, va-s-*y* garde-s-*en* » ; 4° entre deux mots qui n'expriment qu'une seule idée, comme : « *garde-magasin, cerf-volant, entre-sol, chevau-léger, arc-en-ciel, brèche-dent, demi-heure, vingt-quatre*, etc.

§. VII. — De l'H aspirée.

L'on écrit *le héros*, et l'on prononce en trois syllabes « *le-hé-ros* »; l'on écrit au pluriel : « *les héros* » et l'on prononce comme s'il y avait : « *lé-é-ros* ». C'est à ce double signe qu'on reconnaît l'*h* aspirée : elle ne souffre point d'élision, et elle empêche l'articulation de la consonne finale du mot qui la précède sur la voyelle qui la suit. Ainsi, écrivez : « *le héros, le hameau, le hanneton, le haquet, le hasard, le hibou, la haquenée, la halle, la hauteur, la harengère*, etc., etc. (2) » Voici quelques verbes : « *hacher, huper, hâter, hausser, huer, hocher, honnir, haïr* (3). »

§. VIII. — Du Discours et de ses Parties.

Le mot *discours* signifie à la lettre *course çà et là* (4). Ceci ne doit s'entendre que de l'esprit qui se porte alternativement d'un objet à un autre, en traitant un sujet quelconque. Si je dis, par exemple : «*Ce cheval est beau*

---

(1) Ici le *t* est euphonique; il se met à la troisième personne quand le verbe n'en porte pas; mais on place ce *t* entre deux traits d'union. Exemple : «Mange-*t*-il? danse-*t*-elle ?»

(2) Les dictionnaires indiquent les h aspirées.

(3) Je *hais*, tu *hais*, elle *hait*, se prononcent je *hé*, etc., sans tréma. On le met au pluriel, « Nous *haïssons* », et dans tous le cours de la conjugaison.

(4) D'où vient le verbe *discourir*, c'est-à-dire courir d'une idée à une autre.

et bon, *il me conviendrait; mais il est ombrageux, je ne l'achèterai pas*», je forme un discours. Mon esprit se porte d'abord sur la beauté, ensuite sur la bonté du cheval ; de-là je passe à l'idée de convenance, ensuite sur son défaut, enfin je m'arrête à la non acquisition. Mon discours serait plus long, si je m'étendais davantage sur le sujet *cheval*, soit seul, soit avec un interlocuteur qui m'en parlerait. Mais quelque long que puisse être un discours, il ne peut se composer que de dix sortes de parties, qu'on appèle mots.

§. IX. — Des Mots en général.

Les mots sont des signes d'idées. On entend par idées les impressions que reçoit et conserve notre âme, qui, étant sensible, peut être agréablement ou désagréablement affectée. L'enfant le plus jeune, sur la langue duquel on met du sucre, en conserve *l'idée*. Si, plus tard, on le trompe en y mettant du sel, il recevra une impression bien différente, dont il se formera une tout autre idée. Si ces deux idées sont bien acquises, on ne l'y trompera plus (1).

§. X. — Du nom.

Le nom exprime l'idée d'un être quelconque, réel ou idéal. — Il est commun quand il appartient à tout un genre, comme *chien*, ou à tout une espèce, comme *caniche*. — Il est nom propre ou individuel quand il ne convient qu'à un individu, comme *Lubin, Diane*. — Il est collectif quand il exprime une collection de plusieurs êtres, comme *assemblée, troupeau, forêt, botte, tas, amas*. — Il est partitif quand il n'exprime qu'une partie d'un tout, comme *partie, morceau, fragment, portion*. — Il est abstrait quand il exprime l'idée d'un être immatériel, qui ne peut tomber sous les sens, mais dont nous nous rendons compte par la raison, comme *esprit, âme, vertu, beauté, grandeur, blancheur, petitesse*.

(1) Nous avons cinq organes propres à recevoir les impressions du dehors; quand ils sont en exercice, ils prènent le nom de *sens*; ce sont la *vue*, l'*ouie*, l'*odorat*, le *goût* et le *tact*. Ils aboutissent tous au cerveau, qui affecte l'âme, et les résultats de ces affections s'appèlent sensations.

On donne au nom la dénomination de *substantif*, pour exprimer par-là qu'il est le soutien, le support des mots variables qui viènent tous s'appuyer sur lui. Pour rendre cela sensible, écrivons sur le tableau noir cette phrase : « *Ce joli petit* PERROQUET *vert, chante, siffle et parle*. » Si nous effaçons ensuite le substantif *perroquet*, pour y substituer le substantif *perruches*, nous verrons bientôt que tous les autres mots vont changer. En effet, nous aurons : « *Ces jolies petites* PERRUCHES *vertes, chantent, sifflent et parlent*. »

Si nous observons, dans la première phrase, que les mots : *ce*, *joli*, *petit*, *vert*, sont au masculin singulier, comme se rapportant au substantif *perroquet*, tandis que, dans la seconde, ils sont au féminin plurier, parce qu'ils se rapportent à *perruches*, nous en tirerons la juste conséquence que c'est le substantif qui les fait varier. **De-là** cette règle :

N° 1. RÈGLE. — « Tout adjectif s'accorde avec son substantif en genre et en nombre. »

Observons ensuite que, dans la première phrase, les verbes *chanter*, *siffler* et *parler* sont à la troisième personne du singulier, à cause du sujet *perroquet*; tandis que, dans la seconde, ils sont à la troisième du pluriel (*chantent*, *sifflent* et *parlent*), par rapport au sujet *perruches*. De-là cette règle :

N° 2. RÈGLE. — « Tout verbe s'accorde avec son sujet en nombre et en personne. »

§. XI. — De l'Article.

L'article est un petit mot qui se place devant le nom commun, pour déterminer plus ou moins précisément l'être qui nous occupe. —*Un* pour le masculin, *une* pour le féminin, ne déterminent que sous le rapport du nombre, ainsi que *deux*, *trois*, *quatre*, etc., qui sont invariables. —*Le*, *la*, *les*, déterminent l'être déjà connu, ou qu'on va faire connaître (1). —*Ce*, *cet*, *cette*, *ces*, s'emploient

_____

(1) Quand on dit : « *Donnez-moi la plume* », cela ne peut s'entendre que de la plume dont il a déjà été question. Dans le cas contraire, il faut la déterminer immédiatement, autrement, on demanderait *laquelle* ?

pour démontrer, aussi les appèle-t-on articles démonstra-
tifs (*v. p.* 55, n° 2). — *Mon, ma, mes; ton, ta, tes; son,
sa, ses; notre, votre, leur; nos, vos, leurs,* s'appèlent
articles possessifs, parce qu'ils déterminent l'être sous le
rapport de la possession (*v. p.* 13, n° 1). —*Chaque,* toujours au singulier, est un article distributif; il s'entend de
tout individu pris dans une masse où chacun est consi-
déré isolément. — *Quelque, quelques,* signifient un ou
plusieurs pris dans un plus grand nombre (*voy. pag.* 58,
n°s 5 et 6). — Il y a des articles dits prépositifs; ce sont
le, la, les, combinés avec l'une des prépositions *de* et *à,*
comme *du* pour *de le,* et *au* pour *à le,* devant un nom
masculin dont l'initiale (1) est une consonne ou une *h* aspirée. Ex. : « La clef *du* clocher, la porte *du* hameau; il
monte *au* clocher, il demeure *au* hameau ». Devant les
voyelles, on met *à le, de le.* Ex. : « La clef *de l'*appartement, il monte *à l'*appartement ». *Des* s'emploie pour
de les qui ne se dit pas : «Voici *des* hommes, *des* femmes. » *AUX* s'emploie pour *à les* qui ne se dit pas : « Il
s'adresse *aux* hommes comme *aux* femmes ».

§. XII. — De l'Adjectif.

L'adjectif exprime une manière d'être, comme *grand,
petit, chaud, froid;* il est variable et prend le même
genre et le même nombre que le substantif auquel il se
rapporte : «la *grande* maison, le *grand* parc; les *grandes*
maisons, les *grands* parcs ». — Quand il exprime une
manière d'agir, autrement l'action, il est invariable.
Ex. : «Voici des biches *courant* dans les bois; voici des
dames *lisant, chantant, parlant, allant, venant*». Dans
ce sens, il est modificatif d'action, et peut se tourner par
le verbe : *qui courent, qui lisent,* etc. On le rencontre
dans l'infinitif des verbes des quatre conjugaisons (*voyez
page* 33, n° 6).

Quelques modificatifs en *ant* s'emploient pour exprimer l'état, comme dans : « une eau *courante,* une femme

---

(1) L'*initiale* est la lettre qui commence le mot; la *finale,* celle
qui le termine. La *médiale* s'entend de celle qui est, sinon au milieu, au moins dans le cours du mot. Dans le mot pluriel spaSmes,
l's du milieu est dite *médiale,* par opposition à l'*initiale* qui commence le mot, et à la *finale* qui le termine.

charmante ». Ce même mot, employé ici pour exprimer la qualification, va devenir invariable si nous l'employons à exprimer l'action : «Une femme *courant* après son fils ; une femme *charmant* la société par son esprit (1) ».

Il faut faire deux classes d'adjectifs , les uns variables, qui expriment l'état du sujet ; les autres invariables , qui expriment l'action. On les désigne en grammaire sous le titre générique d'*attribut*. Ainsi , dans : «Julie était charmante » l'adjectif *charmante* est l'attribut d'état du sujet *Julie*. Dans : «Julie *charmait* la société » le radical *charm* (pour *charmant*) est l'attribut d'action de *Julie* , car cela veut dire : «Julie était *charmant* la société.» (*Page* 33, n° 6, *et page* 55 , §. VII.)

§. XIII. — Du Pronom.

Le pronom sert : 1° à remplacer un nom précédemment exprimé. Dans ce cas, il est toujours relatif au nom dont il tient la place. Ex. : «Voici votre sœur *qui* vient »; *qui*, remplace *sœur*. — *Je* et *tu*, pour les deux premières personnes du singulier ; *nous* et *vous*, pour le plurier, prènent le nom de pronoms personnels, ainsi que *il*, *ils*, *elle*, *elles*, pour la troisième personne. — *En, dont, où, y*, sont aussi des pronoms. Ex. : «Voici des fruits, *en* voulez-vous ? » *En* , est mis là pour *desquels fruits*. «Voici la personne *dont* je vous ai parlé. » *Dont* pour *de laquelle personne*. «Mon frère reste à Paris, *où* il a sa maison de commerce. » *Où*, pour *dans lequel Paris* (2). « Elle connaît bien Orléans , elle *y* a demeuré. » *Y*, pour *dans lequel Orléans*. — 2° Tout pronom qui ne tient pas lieu d'un substantif précédemment exprimé , est indéfini. Ex. : « *Il* pleut, *il* tonne, *on* frappe, *quelqu'un* parle , *que* demandez-vous ? *qui* chante ? plaît-il? *cela* est beau , c'est bien (*voy. page* 59, n° 7). On appèle aussi le pronom *substantif représentatif*, ou encore mieux *représentatif*. (3)

---

(1) Je me borne ici aux simples indications que doit contenir une Grammaire élémentaire. Voyez *la Clef des Participes*, 1 vol. in-12 : prix 1 fr. 50 c. ; ou *les Participes réduits à une seule règle*, in-32 : prix 50 c. ; aux mêmes adresses.

(2) Voyez le mot OU avec ou sans accent, page 48, n° 5.

(3) Nous avons vu (page 59, n° 7) que ce mot représente quel-

Chacun, chacune, pronom distributif mis pour *chaque homme, chaque femme,* toujours au singulier, réclame le verbe à la troisième personne du singulier, et l'emploi de *son, sa.* EXEMPLE : « Ils viendront tous ensemble, mais chacun n'*entrera* qu'à *son* tour. Elles se mettront toutes en rang, et chacune *gardera sa* place. » Mais s'il n'y a pas de verbe exprimé après *chacun, chacune,* on emploie l'article possessif *leur.* EXEMPLE : « Ils entreront chacun à *leur* tour. Elles garderont chacune *leur* place. »

§. XIV. — Du verbe.

Le verbe, proprement dit, n'est qu'un mot, et ce mot c'est le verbe *être* qui exprime simultanément le temps, le mode, le nombre et la personne. Il figure dans toutes les locutions que nous avons conjuguées jusqu'ici sous la dénomination de *verbes d'état* et de *verbes d'action,* que l'on appèle à cet effet *verbes concrets.* Ce sont autant de propositions toutes formées qui renferment le verbe, le sujet et l'attribut. Dans les verbes d'état, le verbe *être* est détaché de l'attribut ; mais dans les verbes d'action, il se combine avec l'adjectif en *ant* et ne forme qu'un mot avec lui. Dans, nous *étions* contents, il n'y a que *étions* qui soit réellement verbe ; *nous* en est le sujet, et *contents* l'attribut d'état. Dans, nous cour*ions,* il n'y a que la finale *ions,* pour ét*ions,* qui soit réellement verbe ; *nous* en est le sujet, et *cour,* pour cour*ant,* en est l'attribut d'action ; cela veut dire, nous *étions* cour*ant.* La preuve en est, c'est que si nous adaptons cette même finale *ions* à tout autre radical, nous aurons toujours le même verbe *être,* il n'y aura que l'attribut de changé ; ainsi nous chant*ions,* nous entend*ions,* etc., signifiera toujours, nous *étions* chantant, entendant ; c'est-à-dire, *fesant l'action de…* chanter ou d'entendre.

Des Temps du Verbe.

On divise le temps proprement dit en trois tranches : 1° l'actualité, c'est le moment où l'on parle ; 2° l'antério-

---

quefois une phrase entière ; il n'est donc pas exclusivement *pronom,* c'est-à-dire tenant lieu du nom, puisqu'il tient aussi lieu d'une phrase.

rité, c'est le temps écoulé avant le moment où l'on parle ; 3° la postériorité, c'est le temps qui ne doit s'écouler qu'après le moment où l'on parle. Tels sont les trois principaux temps connus en grammaire sous les dénominations de *Présent, Passé, Futur.* — Le verbe n'a qu'une forme verbale pour le présent : « Je *suis* pressé, je *cours.* » — Le passé a cinq formes, 1° l'imparfait présente l'action commencée sans en exprimer la fin : « J'*étais* pressé, je *courais* » ; 2° le passé défini exprime l'action terminée hors de la période où l'on est en parlant : « Hier, je *fus* pressé, je *courus* jusqu'au soir (1) » ; 3° le passé indéfini exprime également l'action terminée, soit dans la période où l'on est, soit hors de la période : « J'*ai été* pressé, j'*ai couru* » ; 4° le passé antérieur s'emploie pour exprimer une première action passée avant une autre qui eut lieu immédiatement après : « Sitôt que j'*eus été prévenu*, ou quand j'*eus été prévenu*, je partis, je courus » ; 5° le plus-que-passé s'emploie aussi dans le même cas, mais il reporte l'action au-delà d'un autre fait déjà passé : « J'*avais été prévenu* deux heures d'avance ; j'*avais couru* deux postes avant qu'il se fût décidé à partir. » — Le futur a deux formes, 1° le futur simple : « Je *finirai* mon ouvrage » : on en détermine l'époque par un adverbe ; 2° le futur antérieur s'emploie quand il y a deux actions dont l'une n'aura lieu que quand l'autre sera terminée : « Quand j'*aurai fini* mon ouvrage, je sortirai. »

Des Modes du Verbe.

Le mode, du latin *modus*, manière, s'entend en grammaire *manière de penser*. Le sentiment que nous éprouvons en parlant de l'objet qui nous occupe, détermine seul le mode que nous devons employer. Si j'écris sur le tableau noir ces deux mots : *Pierre prudent*, on ne verra là que l'objet de ma pensée, mais on ignorera ce que je pense. Entre le sujet *Pierre* et l'attribut d'état *prudent*,

---

(1) La plus petite période est le jour où l'on est ; on peut l'étendre à la semaine, etc., jusqu'au siècle. N'employez jamais le passé défini dans la période où vous êtes. Ne dites pas : « *Aujourd'hui, cette semaine, ce mois-ci, cette année, nous courûmes* » ; ce serait une faute. Il faut dire : « *Nous avons couru.* »

ne puis-je pas mettre *est*, ou *soit*, ou *serait*, ou *est-il*, ou encore *sois?* Ce sera toujours le même sujet et le même attribut, mais le rapport de l'un à l'autre aura évidemment changé. Dans, Pierre *est* prudent, il y a certitude du fait, affirmation. Dans, Pierre *est-il* prudent? il n'y a plus de certitude : on le demande parce qu'on l'ignore. Dans, Pierre, *sois* prudent, on s'adresse à lui, on lui recommande la chose, et on ne l'affirme pas. Dans, Que Pierre *soit* prudent, on parle à une autre personne, pour lui manifester le désir que la chose soit ainsi. Dans, Pierre *serait* prudent, il y a une condition d'où dépend le fait. On reconnaît six principaux modes, qui sont :

1° L'INFINITIF ou MODE INDÉFINI, par lequel il faut toujours commencer la conjugaison d'un verbe. Il comprend l'infinitif proprement dit, en *er*, *ir*, *oir*, ou *re* : c'est le nom de l'action. Le modificatif d'action, toujours terminé en *ant*, et qui signifie *fesant l'action de...* Le participe, qui exprime le résultat de l'action, comme *marché*, *fini*, *couru*, *peint* (1). Ces trois mots sont les racines avec lesquelles on forme tous les temps simples et composés. (*Page 44, chapitre II.*) Reporter ce mode à la fin, c'est planter l'arbre par la tête.

2° L'INDICATIF. On s'en sert pour affirmer ce dont on est certain. Il a huit temps.

3° Le SUBJONCTIF. On ne l'emploie jamais qu'après une hypothèse ou un doute, et il est toujours joint à un premier verbe par le conjonctif *que*. Il a quatre temps.

4° Le CONDITIONNEL. On l'emploie quand la chose est dépendante d'une condition. Il a deux temps.

5° L'IMPÉRATIF. On s'en sert pour ordonner, inviter ou prier que la chose soit ainsi. Il n'a que le présent.

6° L'INTERROGATIF. On s'en sert pour interroger. Ce sont les mêmes formes verbales qu'à l'indicatif, au sub-

---

(1) J'ai *marché*, signifie à la lettre *je tiens*, *j'ai* la fin, le résultat de l'action de *marcher*. Voilà pourquoi on a pris le verbe *avoir* pour auxiliaire : celui qui tient la fin de son action ne l'exerce plus. Un homme *marchant* est un homme *fesant l'action* de marcher. Quand l'action est terminée, il en a le résultat, alors il a *marché*. Au participe *marché* se rattache l'idée d'action exprimée par le verbe.

jonctif et au conditionnel, sauf le sujet transposé : *vient-il? viendrait-il? Dússiez-vous* sortir, je vous suivrai.

Des Personnes grammaticales.

En grammaire, le mot personne signifie personnage, acteur qui joue un rôle dans l'acte de la parole. — La première est celle qui parle d'elle-même : « *Me* voilà, *je* suis content de *moi*. » — La seconde est celle à laquelle on parle : « *Te* voilà, *tu* es content de *toi*. » — La troisième est l'être, présent ou absent, dont on parle. On l'exprime d'abord par son nom, ou par tout autre substantif propre à en donner l'idée, et ensuite on représente ce substantif par un pronom, pour en éviter la répétition. Exemple : « *Paul* arrive, *le* voilà, *il* est content de *lui*. »

La première personne du pluriel est *nous*, et la seconde est *vous*.

Le pronom de la troisième personne du pluriel est *ils* pour le masculin, et *elles* pour le féminin : « Voici mes frères, *ils* arrivent ; je vois mes sœurs, *elles* marchent. » Quand on a parlé de plusieurs êtres des deux genres, on emploie le pronom masculin : « Mes frères et mes sœurs accourent, *ils* se dépêchent. » Le mot *ils* signifie *ces êtres-là*.

Remarques sur les Pronoms personnels.

Je, tu, il, elle, ne s'emploient que pour le sujet ; *me, te*, s'emploient pour le régime direct ou indirect. Exemple : « On *me* regarde, on *te* regarde ; on *me* parle, on *te* parle » ; excepté à l'impératif : « Regardez-*moi*, regarde-*toi* ; parle-*moi*, retiens-*toi* une place. — Regarde-*le*, regarde-*la*, parle-*lui*. » (*Lui* est des deux genres.) Dans l'interrogation ou l'exclamation : « *Moi! toi! lui? elle?*

Se, invariable, s'emploie dans les verbes réfléchis : « Il *se* blesse, ils *se* blessent ; elles *se* blessent ; ils *se* font mal, elles *se* parlent. »

Leur, invariable, s'emploie pour le régime indirect, et signifie *à eux* ou *à elles*, selon le genre des êtres dont on a parlé. Exemple : « Dites-*leur* bon jour ; parle-*leur*, nous *leur* parlerons ; tu *leur* porteras cette lettre ; on *leur* rendra justice. »

Eux s'emploie aussi dans ce cas : Adressez-vous à *eux*; comme on dit bien aussi : Adressez-vous *à elles*; et dans l'exclamation : *Eux! elles!* ont dit aussi : *Ce sont eux, ce sont elles.*

Nous et *vous* s'emploient dans tous les cas ci-dessus.

§. XV. — Du Participe.

C'est une inflexion verbale, tirée de l'infinitif, et qui sert à exprimer l'état ou l'action du sujet (*voyez page* 37, n°ˢ 6 et 7).

§. XVI. — De l'Adverbe (1).

L'adverbe sert à modifier l'attribut du sujet. EXEMPLE : « Cette peinture est *bien* jolie; ce cheval court *bien*. » *Bien* modifie l'attribut d'état *jolie*, dans le premier exemple, et l'attribut d'action *courant* dans le second. — Un adverbe peut modifier un autre adverbe. EXEMPLE : « Cette robe est *très-bien* faite; cette personne chante *très-bien*. » Le premier adverbe modifie le second : *très-bien* modifie *faite*, dans le premier exemple, et *chantant* dans le second. Cela veut dire : « Cette personne est *chantant* très-bien. »

Un adjectif employé adverbialement reste invariable. Ex. : « Cette soupe sent *bon*; cette pièce sonne *faux*; ces enfants disent *vrai*; ces personnes chantent *juste*; ces denrées coûtent *cher*. » — Les adverbes en *ment* se forment sur les adjectifs, de la manière suivante.

N° 3. RÈGLE. — A l'adjectif de tout genre

on ajoute la finale *ment*, et l'adverbe est formé. « Tendre*ment*, habile*ment*, faible*ment*, tranquil-le*ment*. » Hors ce cas, on le forme sur le féminin : « Heureuse*ment*, positive*ment*, bonne*ment*, fraî-che*ment* ». Mais quand l'*e* muet du féminin n'est pas soutenu d'une consonne, on forme l'adverbe sur le masculin : « Joli*ment*, vrai*ment*, cru*ment*, ingénu*ment* ». Les adjectifs en *ant* et en *ent*,

---

(1) L'adverbe, la préposition, la conjonction et l'interjection, sont invariables.

changent la finale *nt* en *m*. EXEMPLE : « Prudent, constant, concurrent, obligeant, etc., font *prudem*ment, *constam*ment, *concurrem*ment, *obligeam*ment ». Excepté *lent* et *présent,* qui font *lente* ment, *présente*ment.

§. XVII. — De la Préposition.

La préposition exprime un rapport d'idée à idée : « Il vient *à* nous; il arrive *de* Paris; l'oiseau est *sur* l'arbre; elle dîne *en* ville; il passe *par* ici ». Des deux mots mis en rapport, le premier est l'antécédent et le second le conséquent. Ainsi, la préposition *à* met en rapport ve*nir* avec *nous;* de même que *de* met en rapport *arriver* avec *Pa ris; sur* met en rapport *être* avec *arbre; en* met en rapport *dîner* avec *ville;* et *par* met en rapport *passer* avec *ici.* Il ne faut qu'un mot après la préposition pour terminer le sens de la phrase.

§. XVIII. — De la Conjonction.

La conjonction exprime un rapport de pensée à pensée, elle se place entre deux membres de phrases : « Cette maison est belle, *mais* elle est humide ». On voit que la conjonction *mais* demande après elle un second membre de phrase. *Que* est conjonction quand il ne peut se tourner par *lequel, laquelle.* Ex. : « Je ne suis pas certain *que* votre frère viène nous voir.» (*Voy. OU* conjonction, *pag.* 48, n° 3.) Tout mot qui exige après lui un membre de phrase pour complément est conjonction, comme *parce que, d'ailleurs, donc, lorsque, néanmoins, si, pourtant, or,* etc., etc. — Il y a des conjonctions complexes, comme *dès que, tandis que,* etc. Celles qui, par leur nature, expriment un doute, demandent après elles le verbe au subjonctif, comme *quoique, soit que, pourvu que, supposé que,* et autres que l'usage indiquera.

§. XIX. — De l'Interjection.

L'interjection est moins l'expression réfléchie d'une idée que la manifestation d'un mouvement subit de l'âme. Un cri de douleur ou d'effroi, comme *aïe!* un éclat de rire, *ha! ha! ha!* s'expriment par des interjections. La

lettre *h* précède pour exprimer un sentiment très-vif :
« *Ha! hé! ho!*» Dans l'expression d'un sentiment moins
vif, on transpose l'*h* : «*Ah! eh! oh!*» Pour l'invocation,
le sentiment étant plus réfléchi, on met seulement un *o*.
Ex. : « *ó Dieu! secourez-nous!* » — *Hélas!* plainte. —
Fi! mépris. — *Pouha!* dégoût. — *Hóla!* cessation. —
Chut! silence.

SIGNES DE PONCTUATION.

La ponctuation a pour but d'indiquer, dans la langue
écrite, les pauses que nous observons en parlant. La plus
grande pause est indiquée par le plus petit signe, le
point (.), après lequel il faut toujours mettre une ma-
juscule (grande lettre), pour indiquer à l'œil du lecteur
le commencement d'une nouvelle phrase, le sens de la
première étant fini. La meilleure manière de comprendre
la ponctuation est sans contredit la lecture à haute voix,
ayant soin de faire sentir les différentes pauses par de
petits coups de baguette sur la table. On frappe trois
coups pour un point, et celui qui dirige la lecture (maître
ou moniteur) dit tout haut, *Un, deux, trois,* assez len-
tement. Pour le point-virgule (;), deux coups, *un,
deux.* De même pour les deux-points (:), ayant soin de
changer l'inflexion de voix d'une manière plus marquée
en lisant ce qui suit, car ce signe s'emploie le plus ordi-
nairement pour indiquer une citation. Pour la virgule
(,), on frappe un seul coup, et on traîne un peu en di-
sant *un.*

Cette manière de battre *un, deux* ou *trois* coups pour
indiquer chaque pause, est usitée dans beaucoup d'institutions, et on fait très-bien ; elle a le grand avantage
d'empêcher les élèves de manger la moitié de leurs mots
en lisant. Ceux qui ne s'habituent pas à faire les pauses
indiquées par la ponctuation, lisent sans s'entendre eux-
mêmes, et chantent en lisant. Loin de finir chaque phrase
en prenant le ton nécessaire à la conclusion de la pensée,
ils élèvent la voix comme s'il y avait encore quelque chose
à dire.

Les théâtres de Berquin, de madame de Genlis, de

Richard, sont les meilleurs ouvrages de lecture à haute voix, surtout quand les enfants se chargent chacun d'un rôle.

Du Point (.).

On emploie le point quand le sens est fini. Exemple : « La vertu porte en elle-même sa récompense. Une bonne conscience est un bon oreiller. »

De la Virgule (,).

1° On l'emploie dans les divisions simples. Exemple : « *Le travail, la santé, la conduite, procurent à l'homme plus de jouissance que les richesses.* »

» *Quand les enfants ont employé leur temps au travail, la récréation leur est nécessaire.* »

2° Quand les deux derniers mots de la division simple sont réunis par la conjonction *et*, on n'y met pas de virgule. Exemple : « *Votre oncle, votre tante, votre cousine et votre sœur viendront vous voir.* » — Point de virgule après *cousine*.

3° Quand la phrase principale est coupée par une autre phrase qu'on appèle *incidente*, on met l'incidente entre deux virgules. Exemple : « *Cette dame, dont vous me parliez l'autre jour, est ma tante.* » La phrase principale est, *Cette dame est ma tante.*

4° Quand il y a transposition de phrase. Exemple : « *Quand vous aurez écrit, vous dessinerez.* » — En remettant la phrase droite, la virgule disparaîtra. Exemple : « *Vous dessinerez quand vous aurez écrit.* » — Si la seconde pensée est mise en opposition avec la première, il faut mettre la virgule. Exemple : « *Vous dessinerez, mais quand vous aurez écrit.* »

5° Quand il y a quelque sous-entendu. Exemple : « L'homme hardi peut tout, et le timide, rien. » Il faut une virgule après *timide*, parce qu'il y a de sous-entendu *ne peut*, dont *rien* est le complément. Si le verbe était exprimé, il n'y aurait qu'une virgule dans la phrase. Exemple : « *L'homme hardi peut tout, et le timide ne peut rien.* »

6° Quoique deux mots soient liés par la conjonction *et*, mettez la virgule après le premier, s'il vient après le second mot un complément qui n'appartient qu'au premier. EXEMPLE : « Cette ville est commerçante, et chef-lieu de département. »

Du Point-Virgule (;).

Il s'emploie dans les divisions complexes. EXEMPLE : *« Cicéron, qui était le premier orateur romain; Virgile, qu'on appèle le prince des poètes; Phèdre, qui nous a laissé de si jolies fables, ont servi de modèles aux écrivains modernes. »* — Si nous ôtons chaque phrase incidente qui rend chaque division complexe, nous n'aurons plus le point-virgule, et nous dirons : *« Cicéron, Virgile, Phèdre, ont servi de modèle aux écrivains modernes. »*

Des Deux-Points (:).

1° On les emploie quand il y a citation. EXEMPLE : *« Goliath dit à David qui s'avançait vers lui : Aurais-tu le courage de te mesurer avec moi ? »*

2° Dans une phrase concluante. EXEMPLE : « Bon cœur et mauvaise tête, bourru et bienfesant : tel est l'homme dont je vous parle. »

Du Point interrogatif (?).

On l'emploie dans les questions. EXEMPLE : *« Quelle heure est-il ? Viendrez-vous ? Sortira-t-elle ? »*

Du Point exclamatif (!).

On l'emploie dans les exclamations. EXEMPLE : *« Malheureux ! Ciel ! Malheur à vous ! Garre ! Secourez-nous, grand Dieu ! »*

Des Points de réticence (.....).

On s'en sert, 1° pour sous-entendre ce qu'on hésite d'achever. EXEMPLE : « Je vais... Oh ! non... Qu'allais-je faire ? »

2° Pour indiquer, dans une citation, la suppression de quelques mots, d'un ou de plusieurs vers, dont on n'avait pas besoin pour le développement de la pensée.

Des Guillemets (« »).

On les emploie pour y renfermer, soit une citation, soit un exemple, et les rendre par-là plus sensibles à l'œil. En terme d'expéditionnaire, on dit *ouvrir les guillemets*, pour avertir l'écrivain de faire le premier signe ainsi («), qu'il met devant le premier mot. *Fermer les guillemets*, c'est faire le signe inverse (») après le dernier mot. EXEMPLE : Voici la réponse de Socrate à ceux qui trouvaient sa maison trop petite : « Plût à Dieu que je la remplisse de véritables amis. »

Un critique a dit de Lamothe : « Il voudrait rire comme La Fontaine, mais il n'a pas la bouche faite comme lui.»

Du Tiret (—).

On s'en sert pour marquer le changement d'interlocuteur dans un dialogue. EXEMPLE : Que voyez-vous là-bas? — Je ne vois rien. — Regardez à gauche. — Ah! je vois une grande poussière. — Sont-ce les ennemis? — Attendez que je distingue. Non, ce sont les nôtres. — Dieu soit loué, nous sommes sauvés.

FIN.

TABLE.

CHAPITRE VII.

DEUXIÈME PARTIE.

Emploi de l'auxiliaire ÊTRE. — *Verbes réfléchis.*

Exercices sur la dictée.

CHAPITRE PREMIER.

QUATRIÈME PARTIE.

THÉORIE.

FIN DE LA TABLE.

Paris. — Imprim. de CARPENTIER-MÉRICOURT, rue Trainée, n. 15.

www.ingramcontent.com/pod-product-compliance
Lightning Source LLC
Chambersburg PA
CBHW070855280326
41934CB00008B/1446